BERTRAND JONQUOIS

Je trouve un job dans le digital

Les métiers qui recrutent et des conseils de pro pour réussir

DUNOD

Note aux lecteurs et lectrices : l'utilisation de l'écriture inclusive de manière systématique s'avérant quelquefois très complexe, nous avons pris la décision de limiter cette pratique aux seuls titres des fiches afin d'assurer une lisibilité optimale. Cette approche vise à maintenir la clarté et la cohérence tout en reflétant notre engagement envers l'égalité et la diversité. Merci de votre compréhension.

Éditorial : Laure Duclaud et Valérie Nigdélian
Fabrication : Cédric Mathieu
Mise en page : Belle Page
Couverture : Elizabeth Riba, studio Dunod

11 rue Paul Bert, 92240 Malakoff
www.dunod.com
ISBN 978-2-10-086609-0

SOMMAIRE

PRÉFACE

LES MÉTIERS DU DIGITAL RECRUTENT

Il y a aujourd'hui près d'un million d'emplois dans les métiers du numérique. Or 10 % de ces postes ne sont pas pourvus et la tendance ne fait que se confirmer[1]. Cette forte demande autour du numérique est une source d'opportunités incroyable : c'est à la fois une source de croissance pour la France, et de réussite personnelle pour les Françaises et les Français qui veulent entreprendre ou développer leur entreprise, lancer leur carrière ou se reconvertir.

Dans cette optique, une réalité s'impose : il faut se mobiliser collectivement pour la formation. Le gouvernement s'est ainsi déjà fixé l'objectif de former au moins 400 000 talents du numérique sur la durée du quinquennat. Investir dans la formation au numérique est d'autant plus nécessaire à l'ère de l'intelligence artificielle : cette technologie est un vecteur inédit de développement économique, mais aussi un facteur de transformation de tous les secteurs qui pourrait impacter un grand nombre de métiers.

Chez Google, nous avons la conviction que les opportunités du numérique doivent être accessibles à toutes et tous. En tant qu'acteur technologique, nous considérons qu'il est de notre responsabilité de prendre part à ce mouvement avec tout l'écosystème, et d'accompagner les Françaises et les Français dans les bouleversements que le digital induit. C'est la raison pour laquelle nous nous mobilisons depuis plus de douze ans avec Google Ateliers Numériques, un programme de formation sans frais, ouvert à toutes et tous, qui a déjà initié plus de 800 000 personnes aux outils et métiers du numérique partout en France. L'an dernier, notre équipe de coachs a parcouru les routes de France pour aller à la rencontre des Françaises et des Français dans

1. « Mobiliser et former les talents du numérique », Institut Montaigne, mai 2023.

580 villes, aux côtés de plus de 600 partenaires locaux, qu'ils soient institutionnels, économiques ou associatifs.

Depuis douze ans, notre but est d'être au plus près des besoins : nous proposons des initiations à la carte, avec des formats souples (coaching individuel, webinaires, formations en présentiel, hotline...), sur des thématiques variées – et aujourd'hui, nous faisons évoluer notre programme pour donner à toutes celles et tous ceux qui le souhaitent des clés de compréhension de l'IA, avec une approche concrète et accessible. Nous nous engageons également à faciliter l'accès à cinq métiers du numérique avec nos Google Career Certificates, des formations professionnalisantes en ligne qui ont déjà permis à près de 2 500 personnes de se lancer ou de se reconvertir en tant qu'UX designers ou chefs de projet.

Pour vous qui lisez ce livre, les possibilités sont multiples. D'une part, la maîtrise des outils du numérique (et plus spécifiquement l'initiation aux usages professionnels de l'IA générative) est un atout qui permet d'accroître significativement votre employabilité, en renforçant vos compétences – et cette démarche peut réellement être à la portée de toutes et tous. La curiosité d'apprendre des Françaises et des Français est d'ailleurs bien visible sur le moteur de recherche Google, où l'on observe une explosion des requêtes sur ce sujet (la requête « formation IA » a ainsi augmenté de 254 % en un an[1]).

D'autre part, le numérique peut offrir un accès à des métiers fortement demandés et bien rémunérés – et ce, sans prérequis ni connaissances techniques pointues. C'est le cas de multiples participants de notre programme Google Career Certificates, comme Fabienne, ancienne secrétaire médicale qui obtenu son certificat de data analyst, ou Dominique, reconverti au support informatique après une première expérience professionnelle en tant que réceptionniste : tous deux ont trouvé un emploi dans la foulée. Ils illustrent le fait qu'il est possible de se faire une place dans le numérique sans avoir une formation technique pointue. Alors, pourquoi pas vous ?

Bonne lecture !

Hélène Marlaud

Directrice du programme Google Ateliers Numériques

Google France

1. Google Trends - Février 2023-Février 2024.

PRÉFACE

LES FEMMES ET LES FILLES SONT L'AVENIR DU DIGITAL

Dans notre monde numérique, la participation des filles et des femmes est essentielle à la construction d'un avenir numérique juste et inclusif. En 2022, Eurostat a indiqué qu'environ 9millions de personnes travaillaient comme experts du numérique au sein de l'Union européenne; les hommes en constituent 81,1 % et les femmes 18,9 %. Les tensions sur le marché du travail et la pénurie de main-d'œuvre dans le secteur numérique constituent un défi majeur dans l'ensemble des États membres de l'Union européenne. Donner la priorité à la formation et au recrutement de femmes devient essentiel, et représente une solution pour combler efficacement cet écart.

En France, il existe une réelle prise de conscience de l'importance de la diversité des genres dans le secteur technologique et une intensification des initiatives publiques et privées pour encourager davantage de femmes à accéder aux formations et aux métiers du numérique. Par exemple, par la mise en avant en tant que rôles modèles des nombreuses réussites des femmes dans la Tech. Mais les préjugés sexistes persistent et nécessitent d'opérer un changement radical dans les discours et les actes pour susciter des vocations de jeunes filles (pour se former) et de femmes (pour se reconvertir) et pour qu'elles continuent à exercer des fonctions d'expertes du numérique après leur formation.

Les femmes et filles doivent être encouragées à s'orienter ou se reconvertir dans le numérique pour des raisons de justice sociale et économique et pour pouvoir contribuer pleinement à concevoir des solutions et des services numériques qui répondent aux besoins de toutes et de tous. Une faible représentation des femmes dans le digital prive l'économie et la société de le leurs talents et de leur vision du monde. Les métiers du numérique sont des métiers d'avenir qui peuvent devenir accessibles à tous les profils, moyennant la bonne formation. Le secteur numérique a des besoins en recrutement importants et offre des rémunérations attractives – les femmes doivent pouvoir bénéficier de ces opportunités professionnelles.

Ce livre constitue donc un précieux outil pour trouver un job dans le digital et pour les femmes particulièrement: il va aider à combler l'écart numérique des genres et œuvrer à leur meilleure intégration dans ce secteur. En effet, le secteur numérique est en plein essor, et avec lui, les opportunités d'emploi. Que vous soyez un jeune diplômé, un demandeur d'emploi en reconversion ou simplement à la recherche d'un nouveau challenge, le secteur du digital regorge de postes à pourvoir.

Grâce aux différentes expertises mobilisées pour sa rédaction, cet ouvrage offre un recensement complet et une analyse éclairée et globale du secteur numérique. Ainsi, il est possible d'accéder à la cartographie des différents métiers qui recrutent, des compétences requises et des ressources en matière de formation. Véritable guide pratique par ses fiches métiers, ce livre vous aidera dans toutes les étapes de votre reconversion et de votre recherche d'emploi, et cela, depuis la définition de votre projet professionnel jusqu'à la négociation de votre salaire grâce à la grille de rémunération présentée dans chaque fiche.

Cet ouvrage propose des témoignages et des conseils de professionnels et d'experts du recrutement et du secteur digital, pour se former ou se reconvertir et pouvoir trouver un job dans le digital. La vision concrète des experts qui partagent leurs expériences et leurs astuces et qui fournissent des conseils pratiques sont extrêmement utiles afin d'identifier les compétences indispensables pour travailler dans ce secteur digital.

Alors, n'attendez plus, lancez-vous et osez trouver un job dans le digital !

Bonne lecture !

Samia Ghozlane

Directrice générale

Grande École du numérique

INTRODUCTION

L'écriture de *Je trouve un job dans le digital* se fonde sur un double constat : d'une part, le secteur du digital recrute à un rythme effréné depuis plusieurs années tout en restant structurellement en tension. D'autre part, les métiers restent difficiles à comprendre pour une grande partie de la population, y compris pour celles et ceux que ces métiers intéressent.

L'institut Montaigne estime à près d'un million le nombre d'emplois disponibles dans le secteur du digital en France et près de 10 % de ces postes restent non pourvus chaque année[1].

Je trouve un job dans le digital offre une triple expertise, combinant les connaissances approfondies de trois sources d'expertises différentes pour une compréhension complète et éclairée du domaine du digital :

- Celle de l'auteur de cet ouvrage, qui compte plus de vingt-cinq ans d'expertise dans le secteur du digital. Il est le co-fondateur du podcast *Le Gagne-Pain* et partage son approche pédagogique qu'il a perfectionnée en accompagnant des étudiants depuis dix ans. Il est actuellement responsable pédagogique du master Digital Marketing & Data Analytics au pôle Léonard-de-Vinci. Il accompagne chaque année plus de 350 étudiants et alternants vers les métiers du digital.
- Celle de plus de soixante professionnels interviewés pour cet ouvrage. Elles et ils témoignent de leur quotidien en tant que développeur web, chef de projet digital ou data analyst… Leurs missions et compétences sont décrites précisément grâce à leur retour sur expérience. Ces professionnel(le)s de terrain ont témoigné dans le cadre d'entretiens, nous offrant une vision précise de leur métier. Bien plus riche qu'une « fiche de poste », la

1. Institut Montaigne, *Mobiliser et former les talents du numérique*, mai 2023, https://www.institutmontaigne.org.

présentation de ces métiers fait également l'objet d'une intervention alternée entre une femme et un homme, contribuant ainsi à la lutte contre les stéréotypes de genre dans un secteur parfois jugé trop masculin.

- Celle de dix experts du recrutement et du digital, qui compléteront l'expertise technique pour vous fournir des conseils utiles à votre insertion sur ce marché de l'emploi. Grâce à eux, vous connaîtrez les trucs et astuces pour trouver un job dans le digital : comment réussir son entretien de recrutement, optimiser son réseau et son profil LinkedIn, trouver les bonnes formations, comprendre les métiers du futur et de l'intelligence artificielle…

Cet ouvrage vous propose tous les outils pour trouver un job dans le digital en vous présentant les principaux métiers qui recrutent tout en vous aidant à les comprendre grâce aux interviews de celles et ceux qui les pratiquent au quotidien. Nous avons sélectionné les vingt-cinq métiers au plus fort potentiel sur le marché de l'emploi dans le secteur du digital. Nous avons ajouté un chapitre sur « les cinq métiers de demain » qui correspondent à des métiers souvent nouveaux, mais dont la demande progresse très rapidement dans les entreprises.

Nous constatons également qu'il existe, depuis plusieurs années sur le marché de l'édition, un retard dans l'actualisation des ouvrages recensant les différents métiers du digital. Ces métiers sont à la fois en forte croissance, très attractifs et en transformation permanente. Une actualisation du décryptage de ces métiers nous semble évidemment utile et nécessaire pour vous aider à trouver votre job. Cette actualisation est cruciale pour répondre aux opportunités de recrutement dans le secteur du digital, ce secteur étant à la fois incroyablement riche et foisonnant de nouveautés.

Pour répondre à ces défis, cet ouvrage a pour objectif d'apporter des réponses aux questions des plus jeunes, des étudiants et des jeunes diplômés. Il s'adresse pareillement à ceux, de plus en plus nombreux, qui souhaitent préparer une reconversion professionnelle vers ces métiers. Il est également parfaitement adapté aux enseignants, aux formateurs, aux coachs en orientation scolaire ainsi qu'à tous ceux qui souhaitent actualiser leur connaissance ou leur culture digitale.

Béatrice Kosowski, présidente d'IBM France et membre du conseil d'administration de Numeum[1], souligne que « loin des stéréotypes, les métiers du numérique sont en réalité accessibles à tout le monde ».

1. Numeum est l'organisation professionnelle de l'écosystème numérique, https://numeum.fr.

Cet ouvrage vous propose de dépasser cette barrière à l'entrée du secteur du digital : rendre ces métiers simples et compréhensibles à tous et vous fournir les clés pour trouver un job dans le digital.

L'ouvrage *Je trouve un job dans le digital* est à la fois novateur et nécessaire.

Novateur, car il s'appuie sur plus de soixante entretiens réalisés dans le cadre du podcast *Le Gagne-Pain*, consacré aux métiers du digital, afin de vous proposer une immense ressource écrite et audio qui vous accompagne et vous conseille pour nourrir vos connaissances. Plus de vingt heures d'interviews à écouter ou à lire dans leur version intégrale, ou *via* les synthèses retranscrites et mises en avant dans cet ouvrage.

Nécessaire, car il permet de mettre en avant les vint-cinq métiers du digital qui recrutent le plus. Chaque métier est expliqué et détaillé par celles et ceux qui les exercent au quotidien. La compréhension de ces métiers est facilitée par la clé d'entrée rapide et synthétique de nos fiches métier, enrichies grâce à la collaboration et aux retours d'expérience de plus de soixante professionnels du digital. Leurs précieux conseils vous guideront afin de construire au mieux votre expertise et trouver un job dans le digital.

Enfin, notre moteur principal pour l'écriture de cet ouvrage est de collecter tous les conseils indispensables pour identifier vos compétences pour votre futur métier. Ce livre repose sur une recherche approfondie des évolutions du secteur du digital, des cartographies des différents métiers, des compétences requises et des ressources en matière de formation. Il s'appuie sur le témoignage de professionnels et d'experts qui offrent aux lecteurs une vision concrète de leur futur job et vous aideront à identifier les clés de votre réussite dans le digital.

BON À SAVOIR

Plusieurs auditeurs du podcast *Le Gagne-Pain* nous ont posé cette question : « Pourquoi les métiers du digital sont-ils presque toujours désignés par leur nom en anglais ? » On parle majoritairement en effet de SEO manager, UX designer, community manager, data scientist, growth hacker...

À l'image d'expressions telles que *forwarder* ou *kick-off meeting*, le jargon professionnel, tirant ses racines littérales de l'anglais et des entreprises anglo-saxonnes, s'est vite développé dans les bureaux.

Il est déjà difficile de saisir pleinement la complexité des métiers du digital, qui requièrent la maîtrise et la compréhension de technologies (outils, plate-formes, logiciels, etc.), alors pourquoi les complexifier encore davantage par l'utilisation de l'anglais ?

Cet ouvrage vous guidera dans la traduction littérale de l'anglais au français pour définir chacun des métiers abordés. Avec le growth hacker, ou « pirate de la croissance », nous vous aiderons à comprendre la nature de ces métiers. Vous découvrirez par exemple que le growth hacker a pour mission d'explorer de nouvelles voies de croissance pour l'entreprise, notamment en s'appuyant sur le marketing digital et la collecte de data (données) pour attirer de nouveaux clients.

Ce livre vous propose une présentation complète des principaux métiers du digital, en vous proposant dans le chapitre 1 une cartographie du secteur et des métiers.

Le chapitre 2 détaillera grâce aux interviews de professionnels les vingt-cinq métiers les plus recherchés par les entreprises.

Le chapitre 3 sera consacré aux cinq métiers de demain, ceux qu'il nous semble utile de suivre pour les trois prochaines années.

Le chapitre 4 donnera la parole à dix experts du recrutement et du digital afin de découvrir leurs conseils pour trouver un job dans le digital.

1 # CARTOGRAPHIE DU SECTEUR ET DES MÉTIERS DU DIGITAL

Cette cartographie du secteur et des métiers du digital est un outil précieux pour tous les acteurs de l'écosystème afin de contribuer à rendre ces métiers accessibles et compréhensibles à tous.

Cette cartographie peut être utile à différents publics, tels que :

- les étudiants : elle vous aide à choisir une formation adaptée aux métiers du digital et contribue à vos choix de stage, d'alternance ou de premier job ;
- les enseignants et les formateurs : elle vous accompagne dans la création et la mise à jour de vos cours ou vos formations ;
- les demandeurs d'emploi : elle permet d'identifier les métiers du digital qui correspondent à vos compétences et vos qualifications ;
- les personnes en reconversion professionnelle : elle permet de vous aider à identifier les formations et les métiers du digital qui correspondent à vos souhaits ;
- les entreprises : elle permet d'identifier les compétences clés dont vous avez besoin aujourd'hui et demain pour recruter des professionnels du digital.

Notre cartographie se présente en trois parties :

- La première partie fait le point sur le volume global de l'emploi du secteur du digital aujourd'hui en France. Elle permet d'établir le poids du secteur et les opportunités d'emploi actuelles et dans les cinq prochaines années.
- La deuxième partie détaille les métiers du digital par familles. Elle explique la diversité et le foisonnement de ces métiers ainsi que les compétences associées.
- Enfin, la troisième partie propose une approche pour comprendre les tendances et perspectives du marché du digital en France par secteurs d'activité.

Cette cartographie en trois temps a pour ambition de vous aider à trouver un job dans le digital en fonction de vos envies, de vos objectifs personnels, tout en tenant compte des évolutions du secteur.

EMPLOIS DU SECTEUR EN FRANCE

Le secteur du digital est toujours en plein essor et offre de nombreuses opportunités de carrière.

En 2022, on comptait déjà près d'un million d'emplois dans ce secteur en France, selon l'institut Montaigne[1]. Cependant, près de 10 % des emplois dans ce secteur n'étaient pas pourvus en 2022, soit environ 94 500 postes vacants. Le secteur du digital reste structurellement en tension et offre à ceux que cela intéresse des perspectives à la fois à court et moyen terme.

Fort d'une croissance régulière et soutenue, le secteur devrait atteindre 1,6 million d'emplois en 2030.

Les emplois dans le secteur du digital en France

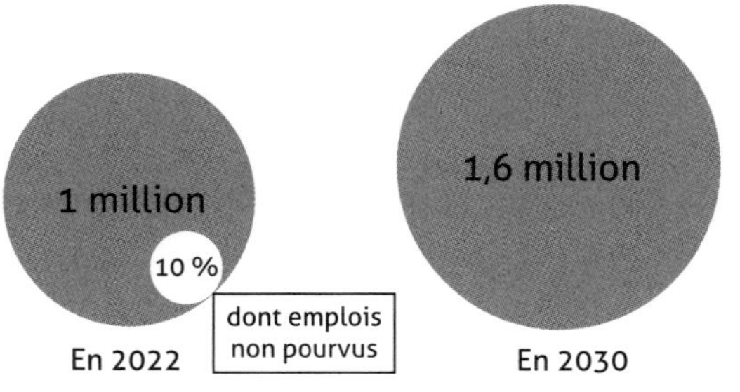

Les métiers les plus touchés par la pénurie de compétences dans le secteur du digital aujourd'hui sont les suivants :

- **les métiers du développement informatique** : les entreprises ont besoin de développeurs, d'ingénieurs logiciels et d'architectes logiciels qualifiés pour concevoir et développer des logiciels ou des sites web ;
- **les métiers de la communication digitale** : les entreprises ont besoin de community managers, de rédacteurs web et de graphistes qualifiés pour communiquer avec leurs clients et leurs prospects sur les réseaux sociaux, les sites web et les autres plateformes numériques ;

1. Institut Montaigne, *Mobiliser et former les talents du numérique*, *op. cit.*

- **les métiers du marketing digital** : les entreprises ont besoin de responsables marketing digital, de spécialistes SEO et d'analystes marketing qualifiés pour promouvoir leurs produits et services en ligne ;
- **les métiers de la sécurité informatique** : les entreprises ont besoin d'analystes de sécurité, d'administrateurs système et d'ingénieurs réseaux qualifiés pour protéger leurs données et leurs systèmes informatiques.

Au cours des dix dernières années, le secteur du digital a connu une croissance très forte en France.

Cette croissance est principalement due à trois facteurs :

- la digitalisation croissante des entreprises et des administrations ;
- l'émergence de nouvelles technologies, telles que l'intelligence artificielle (IA), la *blockchain* ou le *cloud computing* ;
- l'évolution des comportements des consommateurs, qui sont de plus en plus connectés notamment via les smartphones.

CARTOGRAPHIE DU DIGITAL PAR FAMILLES DE MÉTIERS

Pour répondre à la demande croissante du secteur du digital, il est important de comprendre les métiers ainsi que leur diversité. La cartographie des métiers du numérique de la Grande École du numérique (GEN)[1] distingue six familles de métiers :

- développement ;
- communication digitale, marketing et e-commerce ;
- gestion et pilotage ;
- data, IA et Internet des objets ;
- interface, graphisme et design ;
- sécurité, réseau, cloud et télécoms.

1. GEN, « Cartographie des métiers numériques », janvier 2023, www.grandeecolenumerique.fr/.

Cartographie par familles de métiers

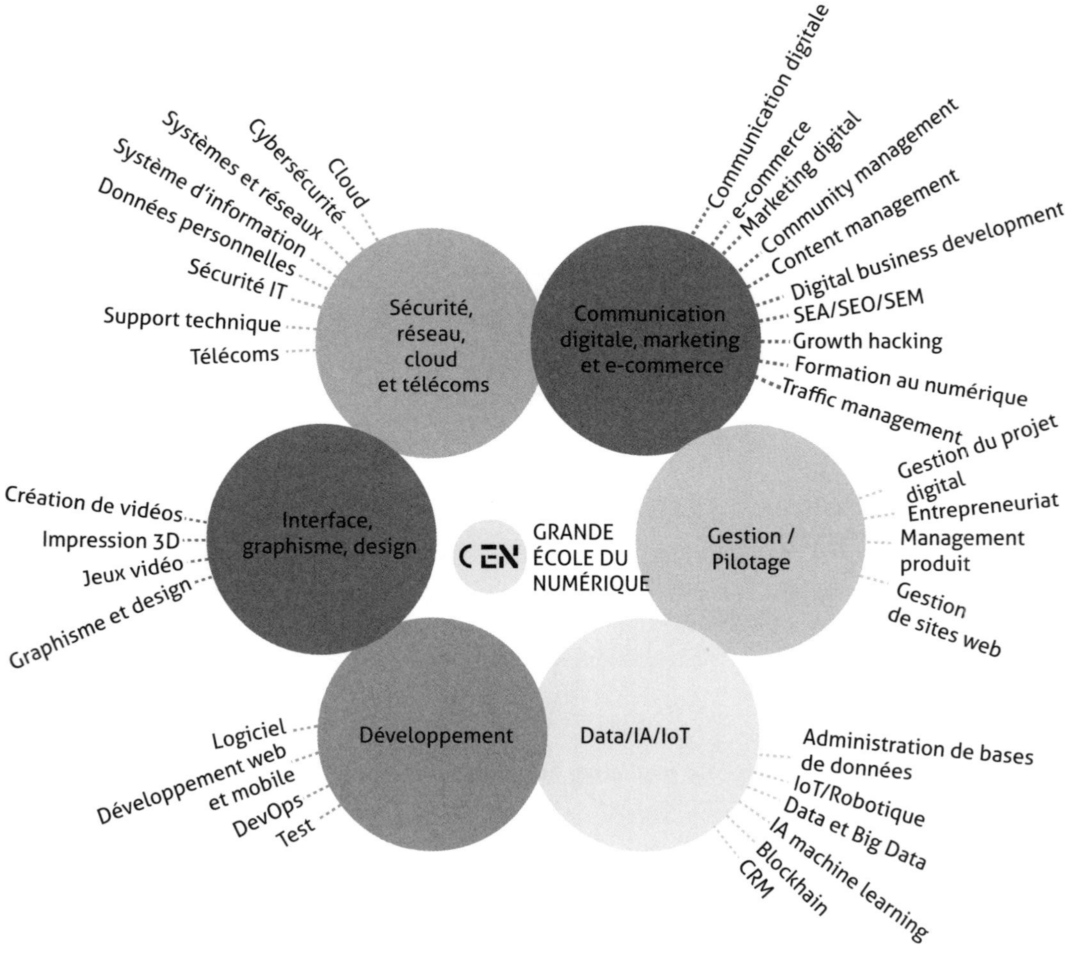

Chacune de ces familles regroupe des métiers aux compétences et aux responsabilités très différentes.

Développement

La famille des métiers du développement regroupe les métiers de ceux qui sont chargés de concevoir, développer et maintenir des logiciels, des plate-formes, des applications ou des sites web.

- **Métiers** : développeur web, développeur full stack, développeur d'applications mobiles, ingénieur système, ingénieur DevOps...
- **Compétences requises** : connaissances en programmation, en systèmes d'exploitation, en bases de données. Capacités d'analyse et de résolution de problèmes. Capacités de travail en équipe.

Communication digitale, marketing et e-commerce

La famille de métiers de la communication digitale, du marketing et de l'e-commerce regroupe les métiers de ceux qui sont chargés de promouvoir les produits et services en ligne d'une entreprise.

- **Métiers** : responsable marketing digital, e-commerce manager, SEO manager, social media manager, growth hacker...
- **Compétences requises** : connaissances en marketing et communication, en webmarketing, en e-commerce. Capacités créatives et de rédaction, capacités de travail en équipe.

Gestion et pilotage

La famille de métiers de la gestion et du pilotage regroupe les métiers de ceux qui sont chargés de gérer et de piloter les projets et les activités numériques d'une entreprise.

- **Métiers** : chef de projet digital, product owner, chef de projet Agile, directeur de projet, créateur d'entreprise...
- **Compétences requises** : connaissances en gestion de projet, en management, en analyse de données, en marketing. Capacités de leadership, d'organisation et de communication.

Data, IA et IoT

La famille de métiers de la data, de l'intelligence artificielle (IA) et de l'Internet des objets (IoT, *Internet of Things*) regroupe les métiers de ceux qui sont chargés de collecter, de traiter et d'analyser les données (data) pour améliorer les produits, les services et les processus d'une entreprise.

- **Métiers** : data analyst, data scientist, ingénieur en *machine learning*, responsable CRM, expert en IA...
- **Compétences requises** : connaissances en mathématiques, en statistiques, en *machine learning*, en bases de données et en langages de programmation. Capacités d'analyse, de résolution de problèmes et de communication.

Interface, graphisme et design

La famille de métiers Interface, graphisme et design regroupe les métiers de ceux qui sont chargés de concevoir et de réaliser des interfaces graphiques, des éléments visuels et des contenus digitaux.

- **Métiers** : UX designer, UI designer, graphiste web, game designer, infographiste...
- **Compétences requises** : maîtrise des logiciels de création graphique, en ergonomie. Créativité, sens de l'esthétique. Capacités d'analyse et de synthèse, capacités à travailler en équipe, à communiquer efficacement.

Sécurité, réseau, cloud et télécoms

La famille de métiers de la sécurité, du réseau, du cloud et des télécoms regroupe les métiers de ceux qui sont chargés de protéger les systèmes informatiques et les réseaux d'une entreprise.

- **Métiers** : consultant en cybersécurité, data protection officer (DPO), analyste SOC (*security operation center*), technicien réseau, cloud architect...
- **Compétences requises** : connaissances en sécurité informatique, en réseaux, en systèmes d'exploitation, en *cloud computing* (informatique dans les nuages). Capacités d'analyse et de résolution de problèmes, capacités de travail en équipe.

Cette cartographie permet de comprendre la diversité et la richesse des métiers du digital. Elle offre à chacun la possibilité de trouver le métier qui lui convient en se fondant sur ses envies, ses compétences et ses aspirations.

TROUVER LE MÉTIER QUI VOUS CORRESPOND

Envies

La première étape consiste à identifier vos envies. En effet, il est important de choisir un métier qui vous plaît. Cette cartographie regroupe les métiers en six familles, chacune avec ses propres spécificités. Par exemple, si vous êtes intéressé par la création de logiciels, vous pouvez vous tourner vers la famille des métiers du développement. Si c'est la promotion de produits et services en ligne qui vous attire, vous pouvez vous tourner vers la famille des métiers de la communication digitale, du marketing et de l'e-commerce.

Compétences

La deuxième étape consiste à identifier vos compétences. Il est important de choisir un métier qui correspond à vos compétences actuelles et vous permet d'en développer de nouvelles. Cette cartographie liste les compétences requises pour chaque métier. Par exemple, si vous avez des compétences en bases de données, vous pouvez vous tourner vers la famille des métiers de la data. Si vous avez des compétences en graphisme, vous pouvez vous tourner vers la famille des métiers de l'interface, du graphisme et du design.

Aspirations

La troisième étape consiste à identifier vos aspirations. Optez pour une profession qui favorise votre épanouissement sur le plan professionnel. Cette cartographie donne des indications sur les missions et les responsabilités de chaque métier. Par exemple, si vous souhaitez avoir une vision globale des projets numériques, vous pouvez vous tourner vers la famille des métiers de la gestion et du pilotage. Si vous souhaitez avoir un impact direct sur la sécurité des données, vous pouvez vous tourner vers la famille de métiers sécurité, réseau, cloud et télécoms.

En plus de cette cartographie des métiers, la Grande École du numérique (GEN) propose des outils pour trouver le métier et la formation qui vous conviennent[1].

PRÉVISIONS 2024 POUR LE MARCHÉ DU NUMÉRIQUE EN FRANCE

Le numérique a connu une croissance soutenue de + 6,5 % pour l'année 2023, en dépassant les 66 milliards d'euros. L'année 2024 marquera un ralentissement de la croissance, mais restera dynamique avec + 5,8 %[2].

Cette cartographie permet de comprendre le poids, l'évolution et la concentration du numérique sur les principaux secteurs en 2022 et 2024 (prévisions). Notons que les cinq premiers secteurs – industrie, banque/finance, services, public et commerce – représentent près de 80 % du marché.

---

1. La GEN vous donne toutes les clés pour trouver un emploi dans un secteur d'avenir : voir https://www.grandeecolenumerique.fr.

2. Numeum, *Tendances et perspectives numériques : bilan 2023 et prévision 2024 pour le marché du numérique en France*, 2023, https://numeum.fr/.

Poids et perspectives numériques par secteurs

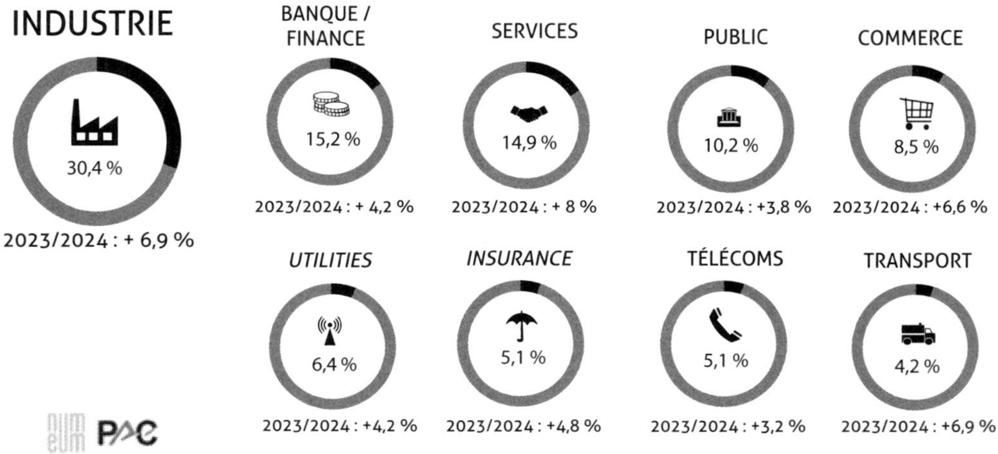

Tendances et perspectives numériques – décembre 2023

Tous les métiers[1] affichent une belle croissance : + 10,3 % pour les éditeurs et plateformes cloud, + 5,5 % pour les activités de conseil en technologies (ICT) et + 4,1 % pour les entreprises de services du numérique (ESN).

Un dynamisme tiré par :

- le cloud et le big data ;
- la cybersécurité ;
- l'IA ;
- les services numériques responsables.

LES START-UP DE LA FRENCH TECH

Malgré un contexte tendu à l'international et des contraintes économiques qui pèsent sur les start-up, le marché de l'emploi dans les start-up de la French Tech a bien résisté en 2023 avec 36 000 créations d'emploi, soit + 9,4 %[2].

1. Cette étude prend en considération trois familles de membres du Numeum : les éditeurs et plateformes cloud, les entreprises de services numériques, les sociétés et les cabinets de conseil en technologies.

2. Bilan 2023 et perspectives 2024 de l'emploi des start-up de la French Tech, https://numeum.fr/.

Le secteur continue à fortement recruter et les start-up affichent également une belle dynamique avec notamment le greentech, le transport tech et les fintech.

En conclusion, les recrutements restent globalement toujours difficiles du fait du manque de personnes formées dans le numérique, d'une concurrence importante sur le marché de l'emploi et d'une tension sur les salaires.

EN RÉSUMÉ

Notre cartographie en trois parties permet de se projeter dans les métiers du digital en intégrant une croissance continue du secteur pour les prochaines années. Elle démontre l'incroyable diversité des métiers afin de faire des choix éclairés de formation ou de carrière. Elle aide enfin à se projeter, à plus court terme, sur la croissance des différents secteurs économiques pour trouver un job dans le digital.

2
LE TOP 25 DES MÉTIERS DU DIGITAL

Ce chapitre est particulièrement important pour vous si vous souhaitez trouver un job dans le digital. Il vous donnera une vision précise et concrète des métiers les plus recherchés dans ce secteur, ainsi que les compétences requises pour chacun d'entre eux.

Notre approche dans ce chapitre est à la fois :

- synthétique, puisqu'elle met en avant les vingt-cinq métiers qui recrutent le plus dans le secteur du digital en France aujourd'hui ;
- exhaustive, car elle s'appuie sur plus de soixante interviews de professionnels, ceux qui exercent ces métiers quotidiennement ;
- innovante, en proposant une fiche par métier, rapide à lire et fondée sur les expériences des professionnels, chaque métier étant complété et détaillé par une ou plusieurs interviews audio (podcast). L'écrit et l'audio vous permettent de comprendre et de détailler les métiers qui vous intéressent.

MÉTHODOLOGIE

Pour définir notre top 25 des métiers du digital, nous avons utilisé plusieurs sources en cherchant à être le plus précis et le plus exhaustifs possible. Nous avons croisé :

- les derniers classements publiés par les recruteurs spécialisés dans le digital, les associations professionnelles, les entreprises et les organismes de formation[1] ;
- les interviews des soixante professionnels qui ont témoigné dans les épisodes pour cet ouvrage et pour le podcast *Le Gagne-Pain* ;

---

1. France Travail, Indeed, Monster.fr, Michael Page, Aravati, l'Alliance Digitale, Numeum, la Grande École du numérique, OpenClassrooms, Studyrama, *L'Étudiant*...

- les interviews des dix experts du recrutement et du digital que nous avons interrogés pour cet ouvrage et pour le podcast *Le Gagne-Pain* ;
- la connaissance du secteur et des métiers du digital de l'auteur de cet ouvrage, Bertrand Jonquois ;
- le classement des métiers les plus écoutés, donc les plus recherchés par les auditeurs du podcast *Le Gagne-Pain*, soit plus de 50 000 écoutes au total.

MODE D'EMPLOI

Avec la soixantaine d'interviews de professionnels, vous serez « immergé » dans le quotidien de ces métiers. En suivant leurs conseils, vous augmenterez vos chances de trouver un job dans le digital et de réussir votre carrière dans ce secteur.

À l'écoute de plus de vingt heures d'interviews, vous découvrirez précisément ces métiers : les missions quotidiennes, les compétences requises, les bonnes formations, la journée type, le télétravail, les conseils de pro, les salaires...

Pour saisir pleinement la complexité des métiers, nous vous accompagnerons avec la traduction littérale de l'anglais (très souvent utilisé dans l'intitulé de ces métiers) et les recommandations des professionnels dans la découverte des outils, des plateformes utilisées, du jargon et des acronymes du secteur *via* un lexique.

BON À SAVOIR

Le format synthétique des vingt-cinq fiches métier vous permettra de sélectionner les métiers qui vous intéressent. Puis, dans un deuxième temps, vous pourrez compléter la découverte et la compréhension de ces métiers grâce aux interviews réalisées sur le podcast *Le Gagne-Pain* (vingt minutes par interview).

Enfin, vous retrouverez régulièrement la réponse à cette question simple et drôle posée aux professionnels du digital : « Comment expliques-tu ton métier à ta mère ? »

1 # DÉVELOPPEUR/ DÉVELOPPEUSE FULL STACK

DÉVELOPPEUR/DÉVELOPPEUSE POLYVALENT·E

Maxime Gasnier,
développeur full stack chez Oxynum

Comment expliques-tu ton métier de développeur full stack à ta mère ?

« Le *front*, c'est la partie visible avec laquelle l'utilisateur interagit : les boutons, les couleurs et les champs à renseigner. Le *back*, c'est la partie non visible du côté des serveurs informatiques pour faire fonctionner le site. Le développeur full stack maîtrise le *front* et le *back*. »

Un développeur full stack est désigné comme étant polyvalent ou plus familièrement « développeur à tout faire ». C'est un développeur web capable de réaliser la programmation d'un site ou d'une application web à la fois en *front-end* et *back-end*.

PRÉREQUIS

Niveau d'études

La formation classique pour ce métier est l'école d'ingénieurs pour les connaissances techniques en mathématiques et en physique. Toutefois, un développeur peut très bien se former par lui-même.

La formation n'est pas primordiale, ce sont plutôt la logique et la capacité à communiquer qui comptent.

Les 4 principales compétences

1 # Compétences en analyse des besoins utilisateurs.

2 # Compétences en traduction de ces besoins d'un point de vue technique.

3 # Compétences informatiques.

4 # Compétences techniques : HTML, CSS, JavaScript (*front-end*) et Ruby, PHP, Python (*back-end*).

Niveau d'anglais

Le métier de développeur full stack nécessite de maîtriser l'anglais à l'écrit, car c'est la langue universelle du code !

Quelles sont les principales qualités des développeurs full stack ?

« La qualité principale pour être développeur est d'être créatif, mais aussi d'être rigoureux, patient et à l'écoute. »

DESCRIPTION DU MÉTIER

Missions

Au quotidien, les missions sont de réaliser les projets des clients, de la gestion de projet jusqu'aux lignes de code.

« Ce qui me plaît le plus, c'est de développer. Ce que j'aime le moins, c'est remplir les tickets, respecter les process. Contrairement à ce qu'on imagine, un développeur, ce n'est pas quelqu'un qui code toute la journée. En général, le code représente entre 30 % et 40 % du temps de travail. Il y a aussi des réunions de travail, la mise à jour du code et le partage des modifications pour que tout le monde y ait accès. »

Journée type

La journée d'un développeur se divise en trois temps : une première réunion (*daily*) pour commencer la journée, puis l'analyse des besoins en listant les tâches, en consultant les e-mails. Après, il faut coder pour traduire ces besoins.

Mode de vie

L'avantage du développeur est qu'il peut travailler partout (*digital nomad*). Il est tout de même important de conserver une journée sur place pour entretenir la cohésion d'équipe.

Certains développeurs choisissent de travailler en freelance. Cela exige de mettre en place une organisation et de construire un cadre de travail autonome pour la production des lignes de code, mais aussi la facturation du client.

Salaire

Le salaire d'un développeur varie en fonction de son expérience, de son niveau de compétences et de son mode de travail.

En moyenne, un développeur débutant gagne entre 35 000 € et 45 000 € brut annuels. Avec de l'expérience, son salaire peut atteindre 65 000 € brut annuels.

Le métier de développeur full stack en 3 points

1 # Curiosité et autoformation pour dépasser l'apprentissage purement technique et acquérir une réelle culture du code.

2 # Autonomie pour s'adapter aux organisations et aux équipes.

3 # Innovation, car ce métier est en constante évolution.

POUR ALLER PLUS LOIN

Écoutez l'interview de Maxime Gasnier sur *Le Gagne-Pain* : http://dunod.link/jobdig01

2 # CHEF/CHEFFE DE PROJET DIGITAL

Noémie Christopher,
cheffe de projet digital chez Radancy

Émeline Parizel,
cheffe de projet web chez Klee Group

Comment expliques-tu ton métier de chef de projet web à ta mère ?

« Je fais des sites Internet, mais pas toute seule. J'utilise la métaphore du chef d'orchestre : je mets en musique différentes compétences et différents métiers pour arriver à la production d'un site Internet. »

Émeline Parizel

Le chef de projet digital (ou chef de projet web) gère la planification du développement ou de la refonte de projets et d'interfaces digitaux (site vitrine, e-commerce, application mobile, base de données). Il coordonne ces missions au sein d'une équipe composée de développeurs, de graphistes, de webmasters, de rédacteurs, etc. pour mener à terme un projet, du cahier des charges à sa mise en ligne.

PRÉREQUIS

Niveau d'études

Un cursus en école de commerce avec une spécialisation digitale constitue une bonne formation. Acquérir des connaissances technico-fonctionnelles peut également se faire en école d'ingénieurs ou *via* une formation de développeur.

Pour travailler au sein d'une agence de communication, il est préférable d'avoir suivi une formation en école de communication, tandis qu'un poste en ESN (entreprise de services numériques) suppose d'avoir un bagage technique en école d'ingénieurs.

Quelles sont les missions d'une cheffe de projet digital ?

« La première phase, ça va être celle de récolte et de cadrage. La deuxième mission, ça va être la définition des coûts et du planning. Ensuite, on arrive en phase de production et on termine par la livraison du projet. »

Noémie Christopher

Les 4 principales compétences

1 # Compétences en communication *via* la connaissance du jargon des métiers.

2 # Compétences managériales et pédagogiques.

3 # Compétences en matière d'organisation pour le respect des délais.

4 # Compétences d'analyse afin de réaliser une veille technologique.

En résumé, il faut être organisé pour savoir jongler entre ses différents projets.

Niveau d'anglais

Le métier de chef de projet digital exige une maîtrise littérale de l'anglais pour la gestion des outils et de la documentation. Cependant, la pratique de l'anglais à l'oral est assez rare.

DESCRIPTION DU MÉTIER

Missions

- L'avant-vente *via* la réception d'une consultation ou d'un besoin client *via* un cahier des charges.
- La présentation et la défense du cahier des charges.
- La conception fonctionnelle : la traduction du besoin client pour la réalisation du projet en respectant le triptyque coût-qualité-délai.
- La livraison du projet.

Quelles sont les 3 principales qualités d'une cheffe de projet digital ?

« La rigueur pour jongler entre les différents projets, la résistance à la pression afin de livrer les projets dans les temps et une bonne communication qui permettra au chef de projet de bien adopter le jargon du web. »

Émeline Parizel

Journée type

La journée commence par un meeting avec les équipes de développeurs et les autres chefs de projet. Il est suivi d'un brief créatif avec les designers. La journée se poursuit avec des calls clients et se termine avec les remontées de bugs, d'anomalies et la gestion des plannings.

Une journée type est rythmée par la réception et l'envoi d'un grand nombre d'e-mails, mais aussi de réunions. Le temps consacré aux réunions représente entre 25 % et 50 % du temps de travail.

Mode de vie

Le télétravail a été démocratisé, mais le 100 % en distanciel n'est pas envisageable afin de conserver les liens sociaux et la communication nécessaires à ce métier.

« Nous avons deux jours de télétravail. C'est important de conserver les connexions et les discussions autour de la machine à café, autour du déjeuner. Ce sont les discussions informelles qui sont très importantes dans ce métier. »

Émeline Parizel

Salaire

Le salaire varie en fonction de l'expérience du chef de projet et de son employeur. Un chef de projet junior gagne entre 30 000 € et 35 000 € brut par an. Un chef de projet senior gagne entre 40 000 € et 45 000 € brut par an.

« Le numérique responsable, c'est créer des services web pour toute une population en prenant en compte l'impact environnemental du numérique. Comment agir pour le numérique responsable ? En proposant des offres responsables *via* l'écoconception des services numériques. »

Émeline Parizel

Bonus pour trouver un job

Certifications professionnelles :

- Certifications en gestion de projet Scrum *via* Scrum Alliance.
- Certification Product Owner PSPO.
- Certifications de Google Projet Management.

Les meilleures ressources

Plusieurs formations en ligne sur OpenClassrooms, Unow ou *via* le MOOC de l'Institut national de recherche en sciences et technologies du numérique (Inria).

Des ressources sur le numérique responsable :

- La Fresque du Numérique.
- *L'Octet Vert*, le podcast de Tristan Nitot.
- *Techologie*, le podcast de Richard Hanna.

Le métier de chef de projet digital en 3 points

1 # Étude de la faisabilité du projet : les moyens techniques, financiers, humains alloués.

2 # Coordination du travail des intervenants du projet.

3 # Qualité du produit ou du service et respect des coûts et des délais.

POUR ALLER PLUS LOIN

Écoutez l'interview de Noémie Christopher :
http://dunod.link/jobdig02

Écoutez l'interview d'Émeline Parizel :
http://dunod.link/jobdig03

3 # DÉVELOPPEUR/DÉVELOPPEUSE D'APPLICATIONS MOBILES

CONCEPTEUR/CONCEPTRICE D'APPLICATIONS MOBILES

Dimitri Leurs,
développeur d'applications mobiles chez Devoteam

Comment expliques-tu ton métier de développeur d'applications mobiles à ta mère ?

« Je lui explique que mon rôle est de lui permettre d'utiliser de manière intuitive l'application Deezer : elle clique sur le bouton pour lancer sa playlist sans avoir à réfléchir. Mon métier, c'est simplifier son parcours utilisateur. »

Le développeur d'applications mobiles est chargé de la conception technique d'une application mobile en respectant un cahier des charges précis, en concevant des programmes informatiques et en traitant des données.

PRÉREQUIS

Niveau d'études

Les bonnes formations pour ce métier ? La formation classique est celle d'une école d'ingénieurs. D'autres options sont possibles à l'université ou dans une école 42, par exemple.

« Mon conseil est de suivre une formation en alternance pour acquérir de l'expérience et pouvoir négocier son salaire plus facilement en sortie d'école. »

Les 4 principales compétences

1 # Compétences en veille technologique : il est essentiel d'être curieux, les technologies évoluant sans cesse.

2 # Compétences de logique avec des connaissances mathématiques, algorithmiques, géométrie et analyses.

3 # Compétences en programmation informatique avec les multiples plateformes et les écosystèmes de développements propres à Apple et Google.

4 # Compétences pour le travail d'équipe : les moments les plus intéressants sont ceux qui permettent de résoudre collectivement un problème et de développer une nouvelle fonctionnalité.

Niveau d'anglais

Le métier de développeur mobile requiert de maîtriser un niveau d'anglais technique et il sera plus exigeant si le développeur travaille dans une équipe non francophone.

> « Toute la documentation et le langage informatique sont en anglais. Pour être intégré dans une équipe internationale, il est important d'avoir un niveau d'anglais plus avancé, car une grande partie du travail nécessite de communiquer avec les équipes. »

DESCRIPTION DU MÉTIER

Missions

- Proposer, mettre en œuvre ou adapter des fonctionnalités et des solutions techniques afin de développer des applications mobiles en respectant un cahier des charges.
- Anticiper les évolutions de l'application et résoudre les bugs techniques en mettant en place une phase de tests.
- Effectuer une veille sur les évolutions technologiques.

Les réunions représentent 20 % de notre temps : elles nous permettent de faire des points pour décrire les problèmes techniques, les tâches prioritaires ou pour définir le planning et les délais.

Les 80 % de temps restant sont consacrés au développement.

Journée type

Les trois quarts du temps de travail sont dédiés au traitement et à la résolution des tickets. Le quart restant est consacré à la partie design pour proposer aux clients différentes interfaces. La journée d'un développeur mobile se déroule de la façon suivante :

- participation à la réunion quotidienne ;
- traitement des tickets et développement. La résolution de ticket consiste à résoudre le problème et à programmer la nouvelle fonctionnalité ;
- la *merge request* : nous soumettons ensuite ce nouveau code à un membre de l'équipe afin qu'il nous conseille sur les optimisations à effectuer.

« Rendre un code propre consiste à s'assurer qu'il est écrit de la bonne façon, qu'il a la bonne structure. »

Mode de vie

Le métier de développeur d'applications mobiles offre l'opportunité d'être partiellement en télétravail, mais les professionnels interrogés conseillent de maximiser son début de carrière en présentiel : c'est là qu'un développeur junior apprend son métier.

Parce qu'il favorise l'écoute entre les collaborateurs, la communication et l'attention, un rythme de deux ou trois jours en présentiel est optimal.

« En entretien de recrutement, essayez d'identifier si le manager de l'équipe est pédagogue, s'il veut vous transmettre ses connaissances, vous faire progresser et s'il vous fait confiance. »

Salaire

Le salaire d'un développeur d'applications mobiles varie en fonction de son école, de son parcours et de la région dans laquelle il travaille.

Un développeur junior gagne entre 35 000 € et 40 000 € brut par an.

Un développeur qui évolue vers un poste de tech lead (manager) gagne 80 000 € brut par an. Un poste de tech lead nécessite de savoir manager une équipe, de communiquer directement avec le client et de défendre un projet.

Il existe une différence entre Paris et la province. Pour un poste équivalent, il faut être prêt à baisser son salaire de 20 % lorsque l'entreprise se situe en région.

Bonus pour trouver un job

Certifications professionnelles utiles :

- AWS (Amazon Web Services) Certification pour découvrir les fondamentaux du cloud.
- Certification Google Cloud pour accompagner la transformation cloud de l'entreprise.

Les meilleures ressources

- La chaîne YouTube Dev Café, qui offre des ressources quotidiennes.
- La chaîne YouTube des Flutter Guys.
- ChatGPT : la version 3 peut vous aider pour le développement, mais est limitée quand le code devient trop spécifique.
- La documentation officielle de Flutter : https://docs.flutter.dev

Quel aspect de ton métier préfères-tu ?

« J'ai toujours aimé l'informatique. Je trouve qu'il y a un côté magique à transformer une idée abstraite en un outil concret avec des lignes de code. »

Le métier de développeur d'applications mobiles en 3 points

1 # Conception, programmation et développement d'applications pour les dispositifs mobiles tels que les smartphones et les tablettes.

2 # Adaptabilité aux différentes plateformes et aux différents écosystèmes d'Android et d'iOS.

3 # Veille technologique constante.

POUR ALLER PLUS LOIN

Écoutez l'interview de Dimitri Leurs :
http://dunod.link/jobdig04

4 # DATA SCIENTIST

SCIENTIFIQUE DES DONNÉES

Amandine Tran,
data scientist chez SNCF Connect & Tech

Vincent Malara,
data scientist chez C-Ways

Lorélie Mani,
data scientist chez Rakuten

Comment expliques-tu ton métier de data scientist à ta mère ?

« Maman, cette série que Netflix t'a fait découvrir et que tu adores… C'est le métier d'un data scientist de te la recommander en fonction de tes préférences et des séries que tu as déjà regardées. »

Amandine Tran

Le data scientist (le scientifique des données) est un expert en analyse de « données massives » ou big data. Il recueille, traite, analyse et « fait parler » ces données afin d'aider les entreprises à améliorer leurs performances en s'appuyant sur des faits plutôt que sur des suppositions.

PRÉREQUIS

Niveau d'études

Il n'y a pas de formation unique pour devenir data scientist. Cependant, une formation en informatique, en mathématiques ou en statistiques est généralement recommandée. Une école d'ingénieurs avec une spécialisation en statistiques ou un master spécialisé en data science sont également de bonnes options.

Il peut être intéressant d'ajouter une formation en gestion de projet utile à la réalisation d'un projet de data science.

Les 4 principales compétences

1 # Compétences en statistiques et en mathématiques.

2 # Compétences en informatique et en programmation.

3 # Compétences en *machine learning* et en intelligence artificielle.

4 # Compétences en communication et en visualisation de données.

Niveau d'anglais

Le métier de data scientist nécessite de maîtriser un niveau d'anglais professionnel pour l'utiliser dans le cadre professionnel et au sein de communautés de la data science sur des forums.

DESCRIPTION DU MÉTIER

Missions

Le data scientist a trois missions principales. La première consiste à analyser des millions de données, la deuxième à automatiser les tâches en utilisant les langages de code comme SQL ou Python, la troisième à modéliser les données.

L'une de ses missions essentielles est d'acculturer l'entreprise : l'équipe data science organise des formations internes pour expliquer à différents types de publics ce qu'est la data science, comment elle fonctionne, et partager ses réalisations.

Journée type

La journée débute par la surveillance des produits en production. L'autre partie de notre temps se divise entre le suivi des projets en cours, de la veille (qui représente 10 % à 20 % du temps de travail) et des réunions nous permettant de présenter nos projets et nos réalisations.

> « La mission d'un data scientist ne se limite pas à la conception de modèles de Data Science, mais inclut leur mise en production pour avoir un impact concret dans l'entreprise. »
>
> Amandine Tran

Mode de vie

Les horaires de bureau sont assez classiques puisque nous travaillons de 9 heures à 18 heures, avec trois jours dans la semaine en télétravail.

Salaire

Le salaire d'un data scientist varie en fonction de son expérience et de son niveau de compétences.

En moyenne, un data scientist débutant gagne entre 35 000 € et 45 000 € brut par an. Avec de l'expérience, il peut gagner jusqu'à 100 000 € brut par an.

Le salaire brut annuel (junior et senior) inclut d'éventuelles primes variables qui sont déterminées en fonction de la réalisation d'objectifs fixés par l'entreprise et qui dépendent du poste.

Les meilleures ressources

Ressources pédagogiques

- Crash Course, une chaîne YouTube de vulgarisation scientifique.
- Towards Data Science, des tutoriels de *machine learning* fournis par Google.
- Des jeux permettant de manipuler des données comme *Kaggle*.
- Un outil open source d'apprentissage en *deep learning* avec TensorFlow.

Ressources culturelles

- *Imitation Game* de Morten Tyldum (2014), le biopic d'Alan Turing, considéré comme le père du *machine learning*.
- *StartUp* (2016-2018), une série télévisée américaine sur un projet de création d'entreprise en intelligence artificielle.
- *Le Stratège* (*Moneyball*) de Bennett Miller (2011), un long métrage sur l'utilisation des statistiques au service du baseball.

BONUS POUR TROUVER UN JOB

Certifications professionnelles utiles :

- Certifications en *cloud computing* comme la certification Google Cloud ou Amazon Web Services (AWS).
- Certification IBM Data science professional pour les débutants de la data science.

Quelles sont les 3 principales qualités d'un data scientist ?

« La première, c'est la rigueur. La deuxième, c'est la créativité pour trouver la bonne approche et répondre à une problématique. Et la troisième, c'est la communication, parce que c'est un métier assez technique et il faut être capable d'expliquer ce que l'on a fait. »

Vincent Malara

Le métier de data scientist en 3 points

1 # Le recueil des besoins (l'entreprise souhaite par exemple comprendre le comportement de ses clients pour optimiser leur fidélisation).

2 # L'exploration et le traitement de la donnée (par exemple, analyse et traitement d'un gros volume de données avec Python).

3 # La création de modèles prédictifs (par exemple, création de modèles de recommandation pour suggérer des produits aux clients en fonction de leurs expériences d'achat précédentes).

POUR ALLER PLUS LOIN

Écoutez l'interview d'Amandine Tran :
http://dunod.link/jobdig05

Écoutez l'interview de Vincent Malara :
http://dunod.link/jobdig06

Écoutez l'interview de Lorélie Mani :
http://dunod.link/jobdig07

5 # CONSULTANT/CONSULTANTE EN CYBERSÉCURITÉ

Charly Bert-Marcaz,
consultant cybersécurité chez Orange Cyberdefense

Comment expliques-tu ton métier de consultant en cybersécurité à ta mère ?

« Mon rôle consiste à préparer les entreprises à gérer efficacement les crises liées à la sécurité informatique. Mon objectif est d'optimiser leur préparation pour minimiser les erreurs sous l'effet du stress, en mettant l'accent sur une planification proactive en amont des crises. »

Les missions principales du consultant en cybersécurité sont liées à la gestion des crises et aux cybermenaces, que l'on peut définir comme des actes malveillants visant à perturber un système informatique ou un réseau, avec pour objectif le vol de données ou l'accès à des fichiers non autorisés.

PRÉREQUIS

Niveau d'études

Les consultants en cybersécurité sont des experts formés à des diplômes de niveau bac + 5.

Les recruteurs privilégient les profils issus :

- d'une école d'informatique ou d'ingénieurs intégrant une spécialisation en sécurité informatique ;
- de l'université, avec des masters en informatique proposant des parcours ciblés en cybersécurité.

Les 3 principales compétences

1 # Curiosité : capacité à rester constamment informé sur les nouvelles technologies et l'évolution des menaces dans le domaine de la cybersécurité.

2 # Pédagogie et communication : savoir expliquer de manière claire et compréhensible les actions entreprises, leur nécessité et les implications d'une crise cyber.

3 # Adaptabilité : s'adapter à différentes missions, de la gestion de crise à la réalisation de *pentests* (simulations d'attaque).

Niveau d'anglais

L'anglais est très important dans ce métier. Environ un tiers du temps de travail se fait en anglais (documents et acronymes). S'il n'est pas nécessaire d'être parfaitement bilingue, il est crucial de pouvoir communiquer efficacement.

DESCRIPTION DU MÉTIER

Missions

La mission principale du consultant en cybersécurité est d'assurer le bon déroulement du cycle de la crise cyber, qui est la suivante :

- *Business Impact Analysis* (BIA) *via* l'identification des activités critiques de l'entreprise ;
- analyse des risques inhérents à ces activités ;
- gestion de la continuité de l'activité en cas de cyberattaque.

Journée type

Deux des tâches types sont l'organisation de calls clients pour établir les projets cyber à venir et le travail sur les projets en cours pour avancer sur le cycle de crise.

> « La question avec la crise cyber, ce n'est plus comment ça peut arriver et comment s'en protéger, mais quand est-ce que ça va arriver et comment réagir au mieux pour la gérer. »

Mode de vie

Le travail à distance est généralisé pour ce type de profession avec la possibilité de faire un à deux jours en présentiel et de travailler à l'étranger occasionnellement à l'aide d'un VPN (*Virtual Private Network* ou « réseau privé virtuel ») qui permet de chiffrer et de sécuriser les données sensibles.

Salaire

- Un consultant en cybersécurité junior gagne généralement entre 38 000 € et 48 000 € brut par an.
- Un consultant en cybersécurité senior gagne entre 55 000 € et 90 000 € brut par an.

Les meilleures ressources

- CompTIA et ITproTV : ressources payantes en anglais, mais de haute qualité.
- Publications des éditions ENI : d'excellents cours sur les réseaux et la cybersécurité.
- NetworkChuck, chaîne YouTube qui réussit à vulgariser tout en gardant un niveau technique intéressant.
- TryHackMe, Hack the Box, RootMe… sites de *pentests* pour apprendre le hacking.
- Formations *via* OpenClassrooms pour la cybersécurité et d'autres sujets liés à l'informatique.

BONUS POUR TROUVER UN JOB

Certifications professionnelles utiles :

- Certifications CISSP (*Certified Information Systems Security Professional*), CEH (*Certified Ethical Hacker*), ou CompTIA Security+, pour renforcer son niveau d'expertise.
- Certification Auditor/Lead Auditor NF EN ISO/IEC 27001 (spécifique à l'audit en cybersécurité).

« En résumé, la gestion de crise vise à aider les entreprises à se préparer de manière optimale en vue d'éventuelles situations problématiques, afin de maintenir une efficacité maximale et de réduire les erreurs induites par le stress. »

Le métier de consultant en cybersécurité en 3 points

1 # Un consultant en cybersécurité agit en traquant les virus et en intervenant lors de cyberattaques. Il éduque en formant et en inculquant les bonnes pratiques.

2 # Il est en veille permanente sur les tendances des menaces informatiques.

3 # Il évalue et renforce la sécurité des systèmes informatiques en identifiant les vulnérabilités, en proposant des solutions de protection et en minimisant les risques.

POUR ALLER PLUS LOIN

Écoutez l'interview de Charly Bert-Marcaz :
http://dunod.link/jobdig08

6 # CUSTOMER SUCCESS MANAGER

RESPONSABLE DE LA SATISFACTION CLIENT

Camille Bourachot,
***customer success manager* chez Launchmetrics**

Comment expliques-tu ton métier de customer success manager à ta mère ?

« Mon rôle est de m'assurer que les clients de mon entreprise soient satisfaits par les produits, les logiciels qui permettent aux départements communication, influence ou relations presse de marque de mode de faire parler de leurs services aux bonnes cibles. »

Le customer success manager (CSM) est « responsable du succès » pour l'implémentation de solutions digitales. Son rôle est de développer le portefeuille client de l'entreprise en se focalisant sur leur satisfaction pour accroître leur fidélisation.

PRÉREQUIS

Niveau d'études

Le métier de customer success manager étant récent, il n'existe pas encore de formation spécialisée. En général, un CSM ou responsable du service client a suivi un parcours en école de commerce et dispose d'un diplôme de niveau master (bac + 5).

Les masters à privilégier pour ce métier sont les masters mention vente ou marketing.

Les 4 principales compétences

1 # Compétences relationnelles pour la gestion du portefeuille clients.

2 # Compétences organisationnelles.

3 # Compétences en veille technologique.

4 # Sens de l'écoute développé pour être à jour des besoins des clients.

La curiosité est une qualité primordiale.

Niveau d'anglais

L'utilisation de l'anglais écrit et oral est primordiale pour ce métier, même si le niveau peut varier en fonction des entreprises.

> « Dans le cadre des échanges avec le service marketing, commercial ou le support technique, qui travaillent partout dans le monde, le CSM a besoin de parler anglais très régulièrement. »

DESCRIPTION DU MÉTIER

Missions

- L'avant-vente : accompagner un commercial qui propose un service ou un produit à un nouveau client en apportant notre expertise.
- La gestion de projet : le CSM est le chef d'orchestre vis-à-vis du client pour tous les services lors de la phase d'implémentation.
- La formation des clients aux produits et services de l'entreprise.
- L'*up-sale* (« vendre plus ») en faisant la promotion de services ou produits additionnels auprès d'un client.

Le CSM a pour objectif d'accompagner les clients de l'entreprise au fur et à mesure de l'évolution des solutions digitales.

Journée type

Pas de journée type pour un customer success manager : il faut savoir s'adapter aux urgences et aux imprévus ! Le CSM doit donc être flexible sur son emploi du temps, car il est souvent sollicité pour :

- gérer les demandes clients ;
- organiser et mener des calls pour comprendre les besoins clients ;
- organiser des réunions de présentation ;
- assurer les séances de formation au service ou produit ;
- être garant de la relation client à toutes les étapes.

« Prêter attention aux limites à établir avec ses clients. Savoir dire non, c'est parfois réussir à économiser ses forces pour optimiser le service client. »

Mode de vie

Le télétravail est possible pour un métier comme celui du customer service manager. Cependant, ses missions reposent sur les interactions sociales en interne et en externe. Il faut donc privilégier le contact physique.

Salaire

Le salaire d'un customer service manager dépend de son expérience et de la localisation de son poste, mais les salaires moyens sont généralement :

- pour un CSM junior, de 35 000 € à 40 000 € brut par an ;
- pour un CSM confirmé, de 50 000 € à 60 000 € brut par an ;
- pour CSM senior, de 65 000 € à 80 000 € brut par an.

Un salaire variable peut être attribué en fonction des ventes additionnelles réalisées.

Quel est ton conseil concernant les choix professionnels que vont faire les futurs CSM ?

« Ce choix doit dépendre en partie du type de produit ou service que l'entreprise propose. Il est nécessaire de croire en l'efficacité de ce que l'entreprise vend pour assurer la satisfaction avant et après-vente des clients. »

Les meilleures ressources

- Route to Business, une formation qui permet de découvrir les fondamentaux du métier de CSM pour un éditeur SaaS.
- Le podcast de Launchmetrics, qui analyse les performances des entreprises du secteur de la mode, du luxe et de la beauté, https://www.launchmetrics.com/resources/webinars/page/4.

Le métier de CSM en 3 points

1 # La gestion des comptes clients, grâce à des points de suivis réguliers, des rendez-vous, des actions de prospection.

2 # L'accompagnement client en étudiant ses besoins, en personnalisant l'expérience client.

3 # La fidélisation des clients pour accroître les ventes et minimiser le *churn* (ou « taux de résiliation »).

POUR ALLER PLUS LOIN

Écoutez l'interview de Camille Bourachot :
http://dunod.link/jobdig09

7 # UX DESIGNER

CONCEPTEUR/CONCEPTRICE DE L'EXPÉRIENCE UTILISATEUR

Peter Staffe,
UX designer chez Oscaro.com

Comment expliques-tu ton métier d'UX designer à ta mère ?

« Je lui explique que l'UX designer est la personne qu'elle peut accuser lorsqu'elle n'arrive pas à cliquer sur un bouton quand elle navigue sur un site Internet. »

Un UX designer[1] est chargé du design et de la conception d'une interface numérique, d'un logiciel, d'un site Internet ou d'un jeu vidéo. Il est responsable de toute l'expérience utilisateur.

PRÉREQUIS

Niveau d'études

Il est conseillé de disposer d'un diplôme à bac + 5 dans le secteur du digital, du multimédia ou des arts numériques.

Les 4 principales compétences

1 # Savoir mener des recherches sur les besoins des utilisateurs (interviews, questionnaires, observation, etc.).

2 # Compétences en matière de créativité.

3 # Compétences multimédia et programmation informatique.

4 # Aptitudes pour le travail en équipe.

La curiosité va également permettre à l'UX designer d'enrichir sa culture sociologique et historique et d'identifier les tendances graphiques ainsi que les besoins utilisateurs.

1. UX signifie User eXperience soit l'expérience de l'utilisateur en français.

Niveau d'anglais

La maîtrise d'un anglais professionnel est recommandée pour les échanges avec des clients étrangers ainsi que la maîtrise du jargon professionnel.

DESCRIPTION DU MÉTIER

Missions

- Identifier les principaux enjeux de l'application mobile ou du site web.
- Assurer un travail de veille concernant les besoins des utilisateurs et la concurrence.
- Challenger la faisabilité technique du projet de design.
- Tester le projet de design en consultant les utilisateurs.
- Identifier les projets retenus sous forme de maquettes destinées aux développeurs.

> « Le product owner s'occupe du fond, l'UX designer s'occupe de la forme, et le développeur code la solution pour mettre le fond et la forme en place. »

Journée type

Elle est organisée en cinq étapes principales :

- Début de la journée avec le *daily*, une réunion qui réunit les développeurs, les chefs de produit... On y parle de l'avancée des projets.
- Spécification du besoin avec le product owner, qui traduit le besoin commercial et technique du client.
- Identification de la solution *via* des recherches sur les utilisateurs et sur les concurrents.
- Challenge de la faisabilité technique du projet avec les développeurs.
- Tests de la solution design auprès des utilisateurs.

> « Les défis de l'UX designer concernent l'utilisation des nouvelles technologies, car il doit s'adapter aux évolutions des navigateurs de Google (Chrome), par exemple. S'adapter aux évolutions technologiques permet de travailler de façon plus fluide et d'atteindre de meilleures performances. »

Mode de vie

Le métier d'UX designer est facilité par l'interaction humaine, notamment avec les utilisateurs, mais une bonne organisation suffit pour effectuer une partie du travail à distance.

Salaire

- Un UX designer junior gagne entre 35 000 € et 40 000 € brut par an.
- Un UX designer senior gagne entre 50 000 € et 55 000 € brut par an.

Il est possible d'évoluer de deux manières, en se spécialisant dans le design de produit ou en développant des fonctions de management.

Parallèlement à ces perspectives d'évolution, d'autres métiers appartiennent au secteur de l'UX design, comme ceux du graphiste ou du web designer.

> « La partie de mon métier que je préfère concerne la recherche utilisateur, car c'est celle qui me permet d'être au contact des clients pour récolter leurs avis et besoins concernant le produit en production. »

Le métier d'UX designer en 3 points

1 # Recherche et analyse des besoins des utilisateurs en matière d'utilisation.

2 # Conception et enrichissement fonctionnel du site web ou des applications mobiles.

3 # Organisation et pilotage des campagnes de test des fonctionnalités.

POUR ALLER PLUS LOIN

Écoutez l'interview de Peter Staffe :
http://dunod.link/jobdig10

8 # GROWTH HACKER

« PIRATE DE LA CROISSANCE »

Tuka Bade,
growth hacker chez Codingame

Amza Nasri,
growth hacker en freelance

Comment expliques-tu ton métier de growth hacker à ta mère ?

« Je lui dis que je suis chargé d'accompagner les commerciaux de l'entreprise pour laquelle je travaille afin de développer des revenus additionnels. »

Tuka Bade

Le growth hacker (« pirate de la croissance ») a pour rôle de booster la croissance d'une entreprise. Son objectif est de maximiser la croissance le plus rapidement possible et avec le moins de moyens financiers possibles.

« Le métier de growth hacker, littéralement « pirate de la croissance », est souvent moqué, car personne ne sait ce qu'il recouvre. Couteau suisse du développement de la boîte, c'est une fonction de développement commercial. »

Tuka Bade

PRÉREQUIS

Niveau d'études

Le métier de growth hacker est récent et multidisciplinaire : il n'existe pas de formation spécifique au métier, mais il est recommandé d'obtenir un bac + 5. Les formations des growth hackers sont diverses : école d'ingénieurs, école de commerce, cursus en science des données.

« Pour bien orienter votre formation, identifiez si vous préférez l'aspect marketing, commercial ou technique. En fonction de ces choix, il faut apprendre les fondements du copywriting, de l'automatisation ou les techniques de marketing digital. »

Tuka Bade

Les 4 principales compétences

1 # Compétences web : connaissance des tendances, nouveautés, logiciels.

2 # Compétences techniques : participation à la programmation.

3 # Compétences en content management : participation à la communication digitale de l'entreprise.

4 # Compétences commerciales : participation à la prospection commerciale.

Le growth hacker doit être polyvalent et maîtriser des compétences variées, allant du marketing au commercial, jusqu'aux aspects techniques. Cette polyvalence lui permet d'adopter une approche globale du développement de la croissance.

Souvent perçu comme « le petit génie du web » pour trouver de nouveaux clients, il se confronte en réalité à beaucoup de tests et d'échecs pour optimiser les résultats commerciaux de l'entreprise.

> « Un growth hacker doit être capable de nourrir constamment sa curiosité, développer ses qualités rédactionnelles et ses qualités commerciales pour améliorer les ventes du produit ou du service. »
>
> Amza Nasri

Niveau d'anglais

Le growth hacker utilise principalement l'anglais pour des acronymes et des anglicismes.

DESCRIPTION DU MÉTIER

Missions

Le growth hacker est chargé des missions de prospection client grâce au développement d'Ads (publicité digitale), des e-mails de prospection ou du web scraping (extraction automatisée de contenu). Ces techniques publicitaires, cette prospection et cette collecte de données sont effectuées pour soutenir l'équipe commerciale.

> « Le growth hacker est le générateur de croissance des entreprises. Il peut travailler pour une grosse entreprise ou une start-up. Son rôle est de générer un maximum de *leads* (prospects) pour faire connaître le service ou le produit de l'entreprise, et faire grossir le chiffre d'affaires. »
>
> Amza Nasri

Journée type

Deux missions principales rythment les journées : l'analyse des performances des campagnes de collecte d'e-mails et le *scraping* (extraction), qui consiste à récupérer des adresses e-mail, par exemple.

> « Mon conseil à ceux qui souhaitent exercer la profession est d'être très organisé, très structuré, pour avoir un planning tout en respectant les objectifs de l'entreprise. »
>
> Tuka Bade

Mode de vie

La possibilité du *full remote* (travail 100 % à distance) ou du mode hybride dépend de l'entreprise dans laquelle le growth hacker exerce son métier. Le mode de vie du growth hacker offre une grande flexibilité géographique.

Salaire

- Un growth hacker junior gagne environ 35 000 € brut par an.
- Un growth hacker intermédiaire gagne entre 40 000 € et 50 000 € brut par an.
- Un growth hacker senior gagne entre 65 000 € et 80 000 € brut par an.

Le salaire inclut en outre d'éventuelles primes.

Les meilleures ressources

Formations

- Les *bootcamps* de la Rocket School, qui permettent d'apprendre tout en construisant son réseau.
- Growth Tribe, pour comprendre les fondements du growth et les appliquer.
- Les formations courtes de l'EM Lyon, dont le growth hacking.

Podcasts

- *Growth Makers* de Gabriel Gourovitch.
- *Wild Marketer* d'Alexandre Brengues.

Films

- *Le Stratège* (*Money Ball*) de Bennett Miller (2011), autour de l'analyse de données et les statistiques dans le baseball.

- *Le Mans 66* de James Mangold (2019), qui se déroule pendant les 24 Heures du Mans.
- *Joy* de David O. Russell (2015), l'histoire d'une entrepreneure américaine.

Comptes LinkedIn à suivre

- Sean Ellis, considéré comme le papa du growth.
- Neil Patel, qui a contribué à révolutionner le secteur du SEO.

« Le growth hacker, souvent appelé "magicien du digital", génère des *leads* et stimule le chiffre d'affaires de l'entreprise. Ses missions varient en fonction du modèle commercial, mais incluent généralement la génération de *leads*, l'amélioration de la visibilité et la mise en place de stratégies SEO. »

Amza Nasri

Le métier de growth hacker en 3 points

1 # Objectif de croissance : le growth hacker a pour mission de stimuler la croissance rapide d'une entreprise en maximisant l'efficacité des stratégies marketing et commerciales.

2 # Stratégies AARRR : il applique le modèle AARRR (Acquisition, Activation, Rétention, Recommandation, Revenu) pour guider ses actions et cherche constamment des solutions innovantes.

3 # Polyvalence et formation continue : le métier requiert de la polyvalence, combinant compétences marketing, commerciales et techniques. La veille technologique est cruciale.

POUR ALLER PLUS LOIN

Écoutez l'interview de Tuka Bade :
http://dunod.link/jobdig11

Écoutez l'interview d'Amza Nasri :
http://dunod.link/jobdig12

9 # SEO MANAGER

RESPONSABLE DE L'OPTIMISATION POUR LES MOTEURS DE RECHERCHE

Léa Fixe,
consultante SEO chez Havas Market

Florian Painset,
SEO manager chez Eskimoz

Comment expliques-tu ton métier de SEO manager à ta mère ?

« Ce n'est pas une mince affaire. Je lui explique que ma mission est de placer le site Internet de mes clients en première position dans les recherches sur Google. »

Léa Fixe

Le SEO manager, ou responsable de l'optimisation pour les moteurs de recherche (également appelé « référencement naturel »), est chargé d'optimiser la visibilité d'un site web sur les moteurs de recherche. Cela passe par l'audit technique, l'optimisation des contenus, la rédaction web. Le SEO, (Search Engine Optimization) est l'optimisation d'un site pour les moteurs de recherche.

PRÉREQUIS

Niveau d'études

Une formation de niveau bac + 3/5 permettant d'obtenir des compétences en marketing digital est recommandée. Les formations allant de bac + 2 à bac + 5 en marketing, en communication ou en informatique permettent d'acquérir ces compétences.

L'expérience en alternance est valorisée. Créer son propre site web et le tester est également une excellente pratique.

Les 4 principales compétences

1 # Compétences en webmarketing : bonnes connaissances du marketing et de la publicité digitale.

2 # Compétences en webmastering : connaissances en programmation et en traffic management.

3 # Curiosité : c'est un secteur en constante évolution. Google change régulièrement son algorithme. Le SEO manager doit suivre ces nouvelles tendances et faire de la veille.

4 # Persévérance : les résultats des activations SEO ne sont pas immédiats, il faut parfois être patient.

> « Le positionnement d'un site web et sa visibilité dépendent de Google. Les bonnes techniques pour y arriver sont en constante évolution. Il est donc nécessaire d'être curieux et de faire de la veille. »
>
> Florian Painset

Le SEO est un investissement à long terme pour l'entreprise. Les premiers résultats peuvent prendre environ trois mois, avec des améliorations plus significatives au cours des six premiers mois.

Niveau d'anglais

Il n'y a pas de prérequis spécifiques en anglais pour le SEO. Le niveau requis dépend des clients pour lesquels il travaille.

Pour un client anglophone, les missions, telles qu'une étude lexicale, la recherche de mots-clés, la recommandation et la présentation nécessiteront un anglais professionnel.

DESCRIPTION DU MÉTIER

Missions

- Gestion de projet : le quotidien d'un consultant SEO est orienté par des projets.
- Étude lexicale et recommandation éditoriale : cela englobe la recherche de mots-clés pertinents pour comprendre le langage utilisé par les internautes.

- Audit et recommandations SEO pour accroître la visibilité du site dans les résultats de recherche.

Les missions du SEO manager correspondent à l'ensemble des techniques employées visant à améliorer de manière organique le classement d'une page web sur les moteurs de recherche.

> « Les trois piliers du SEO sont l'éditorial, la popularité et la technique. L'éditorial se concentre sur la mise en avant du contenu textuel. La popularité consiste à améliorer le positionnement en multipliant les liens intersites. La partie technique englobe le code, l'indexation et l'exploration des pages par les moteurs de recherche. »
>
> Léa Fixe

Journée type

Le suivi permanent du positionnement des sites clients rythme les journées. Au-delà de ce suivi, le SEO manager doit rester en constante alerte au cas où un client annoncerait le statut hors-service de son site, perturbant ainsi le planning établi.

La diversité des clients avec lesquels le SEO manager travaille lui permet de ne pas avoir de journées types.

> « Un bon SEO manager est celui qui va discuter avec tous les professionnels, pas seulement ceux du marketing ou du développement. En discutant avec les commerciaux, on comprend comment mettre en valeur un produit pour aider les visiteurs à le retrouver sur un site. »
>
> Florian Painset

Mode de vie

Le métier de SEO manager peut s'inscrire dans un mode de vie type *digital Nomad*, avec deux jours de télétravail par semaine et trois jours sur site, par exemple. Les interactions avec les clients se font principalement en visioconférence depuis le Covid, mais des déplacements chez le client sont parfois nécessaires, notamment pour des réunions stratégiques.

Salaire

En tant que consultant junior en agence, on peut s'attendre à une fourchette entre 30 000 € et 35 000 € brut par an. En évoluant vers un poste de manager, la fourchette serait plutôt entre 40 000 € et 50 000 €, et en tant que directeur SEO, au-delà de 50 000 €.

Les meilleures ressources

En ligne

- L'outil SEMRush, qui permet de suivre le positionnement d'un site.
- Screaming Frog, un outil de *crawl* identifiant les failles techniques d'un site.
- Le blog de Babbar (https://blog.babbar.tech), qui permet d'évangéliser le SEO.
- Google Search Central, le blog officiel de Google Search (https://developers.google.com/search/blog).

Le livre

- *Référencement Google : mode d'emploi*, d'Olivier Andrieu, Eyrolles, 2023.

Bonus pour trouver un job

Les certifications utiles :

- Certification du SEO Camp, la Qualification d'aptitude au SEO (Qaseo).
- L'académie Semrush, qui explore les fondamentaux du content marketing et du SEO.

« Il faut se former aux nouvelles techniques et tendances SEO qui dépendent des algorithmes Google. Google privilégie les sites offrant une bonne expérience utilisateur, un contenu de qualité et une adaptation aux recherches vocales et mobiles. »

Léa Fixe

Le métier de SEO manager en 3 points

1 # Rôle principal : le SEO manager est responsable de l'optimisation pour les moteurs de recherche.

2 # Approche globale du SEO : elle englobe la technique, la sémantique et la popularité d'un site pour optimiser le référencement naturel.

3 # Compétences essentielles : curiosité, gestion client et vision stratégique.

POUR ALLER PLUS LOIN

Écoutez l'interview de Florian Painset :
http://dunod.link/jobdig13

Écoutez l'interview de Léa Fixe :
http://dunod.link/jobdig14

10 # COMMUNITY MANAGER ET SOCIAL MEDIA MANAGER

ANIMATEUR/ANIMATRICE DE COMMUNAUTÉS ET RESPONSABLE DES MÉDIAS SOCIAUX

Isaure Bonnetain,
community manager
chez Biocoop

Quentin Bihel,
social media specialist
chez Dassault

Quelles sont les trois principales qualités pour exercer le métier de social media specialist ?

Je dirais avoir de la curiosité, être toujours capable de se remettre en question et enfin, bien évidemment, être créatif.

Quentin Bihel

« Le community manager doit maîtriser les réseaux sociaux, en utilisant des outils comme Photoshop, InDesign ou Canva, en fonction de l'organisation de l'entreprise, offrant ainsi une force supplémentaire au profil. »

Isaure Bonnetain

Le community manager et le social media manager sont deux rôles distincts, bien que ces profils aient les mêmes bases en matière d'expertise et de connaissance des réseaux sociaux.

Le community manager (« animateur de communautés ») a pour mission de gérer les communautés en ligne d'une entreprise ou d'une marque.

Le social media manager (« responsable des médias sociaux ») a pour mission de développer une stratégie de présence numérique de l'entreprise sur les différents médias sociaux.

Quelles sont les 3 principales qualités requises pour ton job ?

« Il faut avoir une compétence analytique : les réseaux sociaux, c'est stratégique, on a besoin d'analyser, de comprendre les statistiques. Il faut maîtriser les écosystèmes des réseaux sociaux et avoir des compétences en création de contenu. »

Quentin Bihel

PRÉREQUIS

Niveau d'études

Le parcours classique est un bac + 3/5 en lettres, arts, histoire, sociologie, avec une spécialisation en master en communication digitale. Des écoles de communication ou de marketing digital offrent également des formations adaptées.

Développer des compétences par soi-même (autodidacte) peut être un atout, ainsi que des compétences spécifiques ou une communauté déjà établie sur les réseaux sociaux.

Apprendre le marketing et la communication offre les fondements nécessaires pour comprendre les publics, développer des stratégies, exercer un jugement réfléchi et remettre en question ses décisions.

Les 5 principales compétences

1 # Connaissances approfondies des réseaux sociaux.

2 # Compétences en communication écrite et orale.

3 # Esprit créatif.

4 # Qualité de curiosité qui favorise l'écoute des interactions en ligne.

5 # Compétences rédactionnelles.

« L'aspect relationnel est crucial. Gérer les communautés d'une entreprise implique de créer des liens, de séduire et de susciter l'enthousiasme pour les produits. »

Isaure Bonnetain

Niveau d'anglais

Il n'y a pas de prérequis en anglais pour le community manager. Le niveau dépend des clients pour lesquels il travaille.

> « Comprendre les chiffres est essentiel. Cela signifie examiner attentivement comment la communauté réagit sur les réseaux sociaux, quels contenus fonctionnent le mieux et quand. L'analyse des performances guide les décisions et assure une amélioration continue. »
>
> Isaure Bonnetain

DESCRIPTION DU MÉTIER

Missions

- Création de liens avec les communautés : utilisation des différents réseaux sociaux et engagement avec la communauté à travers les commentaires et les interactions.
- Transmission des messages de l'entreprise pour être un relais de communication.
- Vérification régulière des résultats obtenus.
- Veille concurrentielle : suivi des activités sociales des entreprises concurrentes.
- Idéation créative : cette dimension du métier met l'accent sur la capacité à anticiper les réactions des clients, à choisir soigneusement le timing et l'angle visuel, et à susciter des émotions à travers les contenus.
- Interaction clientèle : interagir avec les clients, répondre à leurs questions et apaiser leurs inquiétudes constituent une part essentielle du métier, renforçant ainsi le lien entre la marque et sa communauté.

> « On a besoin de comprendre les statistiques pour pouvoir en dégager des contenus particuliers, des tendances. Ce qui va être également extrêmement important, c'est de maîtriser les écosystèmes des réseaux sociaux. »
>
> Quentin Bihel

Journée type

La journée type d'un community manager et d'un social media manager n'existe pas. C'est l'un des avantages de ces métiers.

Les missions récurrentes consistent à faire de la veille, rédiger ses posts, réfléchir à quel contenu on va diffuser. Il y a aussi une partie d'analyse des performances du contenu publié.

> « La clé du métier de community manager est de s'adapter aux différents publics. Chaque entreprise a ses cibles et ajuster la communication sur chaque réseau social est essentiel. »
>
> Isaure Bonnetain

Mode de vie

Un community manager et un social media manager ont un mode de vie flexible. Avec une connexion Internet, on peut travailler depuis n'importe où. Le télétravail est de plus en plus accepté, mais cela varie selon les entreprises.

Salaire

Un community manager junior (de zéro à trois ans d'expérience) gagne en moyenne un salaire de 26 000 € à 32 000 € brut par an.

Pour les profils plus expérimentés, le salaire peut atteindre 30 000 € à 40 000 € brut par an.

Pour un social media manager junior, le salaire varie entre 35 000 € et 50 000 € brut par an, en fonction du statut. Un social media manager sera rémunéré entre 38 000 € et 42 000 € brut par an.

Il peut y avoir des primes en fonction des entreprises.

Les meilleures ressources

Blogs

- J'ai un pote dans la com (https://jai-un-pote-dans-la.com) : pour rester informé des tendances en communication.
- Le Blog du modérateur (www.blodumoderateur.com) : conseils pratiques sur la gestion des médias sociaux.

Livres

- *Le Saut créatif : ces idées publicitaires qui valent des milliards* de Jean-Marie Dru, Lattès, 1984 : analyse des campagnes publicitaires.

- *Le Publicitor* de Jacques Lendrevie et Arnaud de Baynast, Dunod, 2004 : la « bible » pour explorer divers métiers de la publicité.
- *L'Essentialisme : faire moins mais mieux ! L'Art d'être réellement efficace* de Greg MacKeown, traduit de l'anglais par Élisa Guenon, Contre-Dires, 2018 : des conseils pour se concentrer sur l'essentiel.

Ces métiers en 3 points

1 # Gestion des communautés : utiliser divers réseaux sociaux pour créer des liens avec la communauté et transmettre efficacement les messages clés de l'entreprise.

2 # Analyse et créativité : comprendre les réactions de la communauté pour optimiser les performances et mettre l'accent sur l'idéation créative pour des contenus impactants.

3 # Adaptabilité et communication authentique : s'adapter à divers publics sur différentes plateformes, maîtriser l'orthographe, ajuster la tonalité et communiquer de manière authentique.

POUR ALLER PLUS LOIN

Écoutez l'interview d'Isaure Bonnetain : http://dunod.link/jobdig15

Écoutez l'interview de Quentin Bihel : http://dunod.link/jobdig16

11 # CONTENT MANAGER

RESPONSABLE DU CONTENU PUBLIÉ SUR INTERNET

Nora Léon,
content manager chez OpenClassrooms

Quelles sont les trois principales qualités d'un content manager ?
Il faut être créatif, il faut être organisé et il faut savoir bien se servir de sa plume.

Mon métier en quelques mots
« Bien qu'il soit très ouvert, le métier de content manager comporte une composante littéraire significative. Une affinité pour l'écriture est essentielle, même si on peut venir d'écoles où l'écriture n'a pas été le sujet principal. »

Le content manager est comme le chef d'orchestre du contenu en ligne d'une entreprise. Il planifie, écrit et publie des articles, vidéos et images pour atteindre les objectifs marketing fixés. En résumé, il dirige la création de contenu sur le web pour faire briller la marque.

PRÉREQUIS

Niveau d'études

Il est recommandé d'avoir un diplôme en marketing digital, communication ou journalisme (bac + 3/5). Une expérience dans la création de contenu en ligne est un plus, et certains accèdent au poste par l'expérience professionnelle.

On peut devenir content manager en autodidacte, mais il faut prouver son expertise avec un portfolio montrant des réalisations concrètes.

Les 4 principales compétences

1 # Créativité : trouver des idées originales pour se démarquer.

2 # Technophilie : maîtriser les nouvelles technologies.

3 # Culture web : être informé des tendances et des innovations.

4 # Esprit commercial : créer du contenu qui booste les ventes de l'entreprise.

> « Restez constamment informé des évolutions et suivez l'actualité du web au quotidien. Participez aux discussions en ligne et restez connecté aux tendances émergentes. Cela vous permettra de créer du contenu pertinent et actuel. »

Niveau d'anglais

Une maîtrise orale et écrite de l'anglais est nécessaire.

DESCRIPTION DU MÉTIER

Missions

- Conception et supervision de la stratégie de contenu.
- Production de contenu varié et original.
- Planification et optimisation des contenus.

> « En fonction de la direction que l'on souhaite donner à sa carrière, il est possible de choisir une entreprise qui soit spécialisée sur la presse écrite, la vidéo ou d'autres formats spécifiques. Brut, par exemple, propose une prédominance de contenu vidéo. »

Journée type

La journée type d'un content manager varie en fonction des projets en cours.

En général, il travaille sur plusieurs projets simultanément, comme des vidéos, des séances photo et la rédaction d'articles.

En parallèle, la gestion des mails et des briefs reçus des collègues est également essentielle pour assurer une coordination efficace.

« Lorsque vous créez du contenu, qu'il s'agisse d'un article ou d'une vidéo, explorez des approches uniques. Puisez votre inspiration dans différentes sources culturelles telles que le cinéma, l'histoire de l'art, voire des expériences partagées par des entrepreneurs. Restez ouvert aux influences créatives pour ajouter une touche originale, captivante et distinctive à votre travail. »

Mode de vie

Le mode de vie d'un content manager varie en fonction du type de contenu qu'il publie (texte, vidéo, photo...) et de l'entreprise dans laquelle il travaille. Il n'y a pas de règle, notamment concernant le télétravail.

Salaire

En agence, un content manager junior gagne entre 28 000 € et 32 000 € brut par an. Un content manager confirmé gagne entre 32 000 € et 37 000 € brut par an.

En entreprise, un content manager débutant gagne entre 35 000 € et 40 000 € brut par an. Un content manager confirmé gagne entre 40 000 € et 50 000 € brut par an.

« Il faut noter que les salaires peuvent varier en fonction du type d'entreprise et de la notoriété du content manager. Les experts très connus peuvent gagner davantage en freelance et obtenir des salaires plus élevés qu'en CDI. »

Le métier de content manager en 3 points

1 # Créativité et qualités rédactionnelles.

2 # Veille sur les tendances et la technologie.

3 # Gestion de la réputation et du retour sur investissement (ROI).

POUR ALLER PLUS LOIN

Écoutez l'interview de Nora Léon :
http://dunod.link/jobdig17

12 # MEDIA TRADER

NÉGOCIATEUR/NÉGOCIATRICE POUR L'ACHAT D'ESPACES PUBLICITAIRES

Héloïse Volcker, ***media trader chez Artefact***

Loreine d'Almeida, ***trading manager chez Publicis Media***

Adilson Correia Mendes, ***programmatic trader manager chez Havas***

Comment expliques-tu ton métier de media trader à ta mère ?

« À la manière des publicités qu'elle voit sur son magazine, je suis chargée d'afficher les publicités sur les bons sites et à destination des bonnes personnes. »

Héloïse Volcker

Le media trader est chargé d'optimiser le choix et l'achat d'espaces publicitaires pour le compte d'un portefeuille de clients annonceurs en tenant compte de leurs objectifs de performance (clics, visites) et de leur budget.

Son rôle consiste à guider ses clients dans leur stratégie d'achat d'espaces publicitaires. Cela englobe divers formats tels que des bannières, des vidéos, ou même des formats audio. Le media trader utilise des plateformes d'achat d'espaces publicitaires ou il établit des contacts directs avec les régies publicitaires.

« Le trading, c'est un peu comme la Bourse. Les supports d'achats des espaces publicitaires se nomment les DSP (*Demand Side Platform*) en programmatique. »

Loreine d'Almeida

PRÉREQUIS

Niveau d'études

Un media trader peut suivre une formation classique de niveau bac + 5 : école de commerce, université, école de communication. Une spécialisation en marketing digital est utile pour ce métier.

Les 4 principales compétences

1 # Bonne maîtrise des outils informatiques : Excel pour traiter les données, PowerPoint pour présenter les résultats et les DSP (*demand side platform*) pour l'achat d'espaces publicitaires.

2 # Connaissances en publicité digitale.

3 # Rigueur : une approche rigoureuse est indispensable pour gérer efficacement les budgets de nos clients.

4# Esprit d'analyse : nous devons constamment questionner les performances de nos campagnes, analyser les résultats et prendre des décisions pour optimiser les futures campagnes.

Niveau d'anglais

Un niveau d'anglais professionnel à l'écrit et à l'oral est requis pour les réunions, les contacts avec les principaux prestataires basés à l'étranger.

La pratique de l'anglais est également nécessaire pour interagir avec les plateformes techniques (les DSP).

DESCRIPTION DU MÉTIER

Missions

- Recommandations et plans médias : formuler des recommandations précises et créer des plans médias intégrant des stratégies de formats et de ciblage.
- Suivi des campagnes publicitaires : mise en œuvre des campagnes publicitaires, suivi continu et optimisation en temps réel.
- Veille et rencontres dans l'écosystème : veille sur les tendances et les innovations *via* des *newsletters*, participation à des rencontres avec les partenaires.
- *Reporting* et bilan de campagne : respect du budget et atteinte des objectifs fixés.

Journée type

- Veille digitale en début de matinée.
- Check des e-mails et gestion des campagnes.
- Réalisation de bilans et de recommandations.
- Réunions internes, externes et *reporting*.
- Paramétrage des nouvelles campagnes.

« Mon conseil principal serait de cultiver constamment son intérêt pour le digital, en apprenant de manière régulière pour rester informé. »

Adilson Correia Mendes

Mode de vie

« J'ai la chance depuis un an d'être salariée chez Publicis Media Paris, mais d'être en mobilité à Montpellier. Je viens une à deux fois par mois sur Paris et je fais deux jours de télétravail par semaine. »

Loreine d'Almeida

Salaire

- Media trader junior : de 30 000 € à 35 000 € brut par an.
- Media trader confirmé (deux à cinq ans d'expérience) : 45 000 € brut par an.
- Media trader senior (cinq à quinze ans d'expérience) : 45 000 € à 50 000 € brut par an.

BONUS POUR TROUVER UN JOB

Certifications professionnelles utiles :

- DV360 (Display & Video 360) pour la Google Marketing Platform Academy.
- Xandr, du Microsoft Advertising's Learning Lab.

Les meilleures ressources

- Oreegami, une académie innovante qui donne accès à l'emploi en formant aux métiers du marketing digital et de la data.
- Le podcast *The Programmatic Society*, qui interroge les acteurs du programmatique et du digital.
- Le podcast *Zepresenters*, qui vous aide à mieux présenter vos idées !
- Le podcast *Bannouze*, qui présente les tendances et innovations dans le marketing digital.

Le métier de media trader en 3 points

1 # Formulation de recommandations et plans médias en collaboration avec les clients.

2 # Configuration et suivi des campagnes publicitaires, optimisation en temps réel.

3 # Veille sur les tendances digitales, participation à des rencontres avec les régies publicitaires.

POUR ALLER PLUS LOIN

Écoutez l'interview de Loreine d'Almeida : http://dunod.link/jobdig18

Écoutez l'interview d'Adilson Correia Mendes : http://dunod.link/jobdig19

Écoutez l'interview d'Héloïse Volcker : http://dunod.link/jobdig20

13 # E-COMMERCE MANAGER

CHEF/CHEFFE DE PROJET BOUTIQUE EN LIGNE

Émilie Arthaud,
consultante e-commerce chez Publicis Commerce

Morgane Collin,
cheffe de projet e-commerce chez Make Up For Ever

Comment expliques-tu ton métier d'e-commerce manager à ta mère ?

« En tant que cheffe de projet e-commerce, je lui explique que j'accompagne des entreprises dans la vente de leurs produits en ligne. »

Émilie Arthaud

Le chef de projet e-commerce (ou e-commerce manager) est chargé du développement de la boutique en ligne d'une entreprise : conception, mise à jour et maintenance. Une part de son temps est dédiée à l'analyse des chiffres de vente et des indicateurs de performance.

PRÉREQUIS

Niveau d'études

Une formation bac + 5 en école de commerce, école d'ingénieurs ou à l'université, avec une spécialisation en marketing, webmarketing ou e-commerce.

Certains chefs de projet e-commerce se forment sur des langages tels que HTML et CSS.

Des plateformes comme OpenClassrooms offrent des formations en ligne pertinentes pour acquérir les compétences spécifiques nécessaires au métier.

Les 4 principales compétences

1 # Flexibilité : être capable de réagir rapidement et de s'adapter à des situations d'urgence.

2 # Esprit d'analyse : suivre de près les chiffres et analyser les résultats.

3 # Créativité : travailler en collaboration avec les équipes créatives.

4 # Compétence technique : utilisation de CMS (Content Management System, c'est-à-dire un système de gestion de contenu) et notions en langage HTML et CSS.

Niveau d'anglais

L'utilisation de l'anglais professionnel est nécessaire pour interagir avec les clients de l'entreprise s'ils sont internationaux, les développeurs et pour la documentation technique.

DESCRIPTION DU MÉTIER

Missions

- Animation du site Internet en coordonnant les différentes équipes pour garantir la cohérence des actions.
- Gestion technique du site *via* un CMS pour paramétrer le site e-commerce (catalogue, fiches produits...).
- Aspect business en suivant les chiffres d'affaires et les KPI du site *via* Google Analytics, par exemple.
- Acquisition de nouveaux clients en coordonnant la stratégie d'acquisition.

Journée type

Il n'existe pas vraiment de journée type, mais les missions englobent des aspects business, opérationnels et de paramétrage, avec une coordination fréquente avec d'autres équipes. Une des tâches récurrentes matinales est l'examen des performances de la veille, du chiffre d'affaires et du nombre de visiteurs pour orienter les actions à venir.

> « Il est important de rester curieux des nouvelles tendances e-commerce, comme celle du social commerce qui consiste à effectuer des achats directement à partir des réseaux sociaux. »
> Émilie Arthaud

Mode de vie

Le rôle de chef de projet e-commerce est compatible à 100 % avec le télétravail, en raison de l'utilisation d'outils en ligne, des communications téléphoniques et par visio avec les clients et les équipes.

Salaire

Un chef de projet e-commerce junior gagne un salaire annuel brut compris entre 35 000 et 45 000 € brut par an. Des primes liées à la réalisation d'objectifs peuvent également s'ajouter en fonction de la politique de l'entreprise.

Un chef de projet e-commerce senior gagne entre 45 000 € à 55 000 € brut par an.

BONUS POUR TROUVER UN JOB

Certifications utiles :

- Certification Google Analytics, un outil de collecte et d'analyse de données à partir du site web.
- Certification Google AdWords, pour apprendre les grands principes de la publicité digitale.

Les meilleures ressources

Se former sur les plateformes d'e-commerce, notamment sur les CMS comme PrestaShop, WordPress ou Shopify.

« Deux sortes d'évolution du métier de chef de projet e-commerce sont possibles. Les évolutions verticales ouvrent à des possibilités de progression vers des postes de management, en trois ou cinq ans. Les évolutions horizontales sont des options vers des métiers connexes tels que product owner et product manager. »

Morgane Collin

Le métier d'e-commerce manager en 3 points

1# Gestion complète d'un site : de la conception à la maintenance en passant par la mise en valeur des produits vendus.

2# Analyse quotidienne : chiffres de vente et des performances des sites web (travail analogue à celui d'un consultant data web).

3# Compétences techniques : utilisation de CMS, connaissance de langages web tels que HTML et CSS, et utilisation d'outils d'analyse tels que Google Analytics.

POUR ALLER PLUS LOIN

Écoutez l'interview d'Émilie Arthaud : http://dunod.link/jobdig21

Écoutez l'interview de Morgane Collin : http://dunod.link/jobdig22

14 # GRAPHISTE WEB

Margaux Mahé
graphiste web chez Father and Sons

Comment expliques-tu ton métier de graphiste web à ta mère ?
« Le résultat de mon travail est visuel, c'est pour cela que je lui ai montré toutes les créations, les sites que j'ai créés et les campagnes que j'ai imaginées. »

Un graphiste web (web designer) est un spécialiste de la communication visuelle : il conçoit l'identité et l'univers graphique d'une entreprise en travaillant sur son site Internet, son application mobile. Pour un site web, il élabore l'interface, l'architecture, la structure des pages et la navigation.

PRÉREQUIS

Niveau d'études

Pour les bacheliers généralistes qui souhaitent intégrer une école d'arts appliqués, la mise à niveau en arts appliqués (Manaa) est une étape incontournable. Elle offre une formation en dessin et techniques de représentation.

Après le BTS Design graphique ou le DSAA (diplôme supérieur des arts appliqués) mention graphisme, une année préparatoire est disponible pour les étudiants désirant se spécialiser dans les médias numériques.

Les 3 principales compétences

1 # Créativité : cultiver continuellement son « jardin créatif » pour enrichir son inspiration.

2 # Esprit d'équipe et agilité : être capable de trouver rapidement des solutions.

3 # Connaissance de l'UX (expérience utilisateur) : comprendre en se mettant à la place de l'utilisateur. Il faut s'assurer que le design fonctionne pour offrir une expérience utilisateur positive.

Niveau d'anglais

La connaissance de l'anglais n'est pas obligatoire, mais reste un atout. Elle devient particulièrement importante dans un contexte international, favorisant la collaboration avec des prestataires étrangers.

DESCRIPTION DU MÉTIER

Missions

- Création et mise en ligne des visuels sur les sites Internet en ajustant chaque élément visuel.
- Déclinaison des visuels pour les réseaux sociaux, des *newsletters* ou des campagnes publicitaires en assurant la déclinaison des créations avec la suite Adobe (Photoshop, Illustrator, InDesign…).
- Respect de la charte graphique définie avec les prestataires.

Journée type

Quand on est graphiste web, chaque jour est différent. En dehors de la création quotidienne de *newsletters*, la journée est marquée par une diversité de créations, que ce soit pour les sites web, les campagnes ou les réseaux sociaux, offrant ainsi une grande variété de projets.

> « C'est un métier passionnant. Il ne faut pas hésiter à ouvrir l'œil, à se poser des questions. Quand on regarde des sites, il y a du graphisme partout et on peut puiser son inspiration en se baladant sur Internet. »

Mode de vie

Le graphiste web bénéficie d'une flexibilité offrant la possibilité d'exercer le métier à distance, que ce soit en province ou à l'étranger. Ce mode de vie dépend de l'entreprise.

Salaire

Un graphiste web junior gagne entre 26 000 € et 35 000 € brut par an.

Un graphiste web confirmé peut gagner jusqu'à 45 000 € brut par an.

Une part du salaire reste variable en fonction de l'efficacité des créations.

Les meilleures ressources

- Procreate, un logiciel d'illustration digitale.
- Behance, une plateforme de portfolios pour graphistes et designers, offrant une source d'inspiration et de découverte.
- *Histoire de l'art* d'Ernst Gombrichs, Phaidon, 2001.

« Ce que j'apprécie le plus dans mon travail, ce sont les nouvelles collections. Les visuels et messages inédits stimulent la créativité, apportant un renouveau avec des changements de couleurs et d'ambiances. La mise en ligne des nouvelles créations se fait à travers des lookbooks (terme spécifique à la mode) réalisés environ deux fois par saison, mettant en avant nos produits phares et l'ambiance générale de la collection. »

Le métier de graphiste web en 3 points

1 # C'est un métier passionnant car il est très diversifié.

2 # Il y a du graphisme partout, Il faut ouvrir l'œil.

3 # La création est un secteur qui recrute.

POUR ALLER PLUS LOIN

Écoutez l'interview de Margaux Mahé :
http://dunod.link/jobdig23

15 # CHIEF MARKETING OFFICER

DIRECTEUR/DIRECTRICE MARKETING

Elsa Blanchard
chief marketing officer chez Shapr

Comment expliques-tu ton métier de chief marketing officer à ta mère ?

Ma mère est nutritionniste, donc je lui dis que pour exercer son métier, elle a besoin d'avoir des patients dans son cabinet. C'est la même chose pour nous. L'entreprise a besoin d'avoir des clients. C'est mon métier de les faire venir chez nous.

Quelles sont les 3 principales qualités pour exercer le rôle de chief marketing officer ?

« Premièrement, il est essentiel d'avoir de l'empathie pour se mettre à la place du client. Il faut une inclination à l'action pour entreprendre, expérimenter et innover en permanence. Enfin, la sagacité est requise pour concevoir de nouvelles actions de manière astucieuse. »

Le rôle du chief marketing officer (CMO, marketing manager ou directeur marketing) consiste à promouvoir la visibilité des différents services auprès de la clientèle cible, à renforcer la notoriété de la marque, à générer des prospects pour les équipes commerciales. Le poste de CMO est souvent créé au sein de start-up. Il siège au Comex, s'impliquant ainsi activement dans la stratégie de l'entreprise.

PRÉREQUIS

Niveau d'études

La voie classique pour devenir CMO reste une formation de niveau bac + 5. Cette formation peut être obtenue en école de commerce ou à l'université, avec une spécialisation en gestion ou en marketing.

Au moins cinq ans d'expérience dans le domaine du marketing sont généralement requis.

Les 4 principales compétences

1 # Leadership : capacité à inspirer et à diriger l'équipe marketing.

2 # Créativité : aptitude à innover et à implémenter de nouvelles idées.

3 # Orientation vers le résultat avec l'application du principe *test and learn* pour évaluer et ajuster les actions.

4 # Vision globale de l'entreprise avec une compréhension des enjeux stratégiques.

Niveau d'anglais

Si de nombreux anglicismes sont utilisés au quotidien, il n'y a pas d'utilisation spécifique de l'anglais lorsque le périmètre de l'entreprise est français.

DESCRIPTION DU MÉTIER

Missions

- Veille technologique.
- Élaboration de la politique et stratégie marketing de l'entreprise.
- Coordination d'équipe.
- Étude des comportements des consommateurs.
- Analyse du marché pour anticiper les demandes des clients.
- Analyse des retombées et amélioration du plan marketing.

Semaine type

- Analyse approfondie des données marketing.
- Réunion Comex.
- Activité d'influence LinkedIn.
- Point avec le vice-président des opérations pour discuter des analyses.
- Traitement des projets en cours.
- Travail sur les *quick win* pour des actions rapides avec un impact immédiat.

« Commencez par travailler dans les ventes pour bien comprendre les clients. Suivez une courte formation en growth marketing. Si vous avez des compétences en développement, cela vous aidera à accomplir les tâches plus rapidement et à les automatiser. »

Mode de vie

Ce métier ne nécessite généralement pas de rencontres fréquentes avec des clients. La flexibilité est donc élevée, permettant d'exercer le métier de n'importe où.

Salaire

La fourchette salariale varie entre 75 000 € et 140 000 € brut par an, sachant que la rémunération moyenne se situe aux alentours de 83 000 € brut par an et que seuls 10 % des CMO les mieux payés peuvent prétendre à la tranche de rémunération la plus haute. Des primes éventuelles peuvent englober des *stock-options* (options sur titres dans les start-up).

BONUS POUR TROUVER UN JOB

Il est recommandé de passer la certification Google Analytics pour acquérir des compétences analytiques essentielles.

Les meilleures ressources

Formations

- Formation Growth de Lion.
- Formation Growth Tribe.

Podcasts

- *Mantra* par GrowthMakers, qui présente des interviews de dirigeants de start-up.
- *Marketing Square*, le rendez-vous du growth marketing.
- *Conseils de Growth*, le podcast pour implémenter le growth dans son entreprise.

Livres

- *Traction : comment une start-up peut développer rapidement sa clientèle*, de Gabriel Weinberg et Justin Mares, Dicoland, 2019. L'ouvrage offre une vision détaillée des canaux d'acquisition du growth.

- *Influence et manipulation : l'art de la persuasion* de Robert Cialdini, traduit de l'américain par Marie-Christine Guyon, Pocket, 2014 : la bible du marketing !

Documentaire

- Sorti sur Netflix, *L'Arnaqueur de Tinder* de Felicity Morris (2022) explore l'utilisation des leviers psychologiques mentionnés par Robert Cialdini.

Le métier de chief marketing officer en 3 points

1 # Définition de la stratégie marketing de l'entreprise.

2 # Coordination des équipes de la direction marketing.

3 # Travail en étroite collaboration avec la direction générale.

POUR ALLER PLUS LOIN

Écoutez l'interview d'Elsa Blanchard :
http://dunod.link/jobdig24

16 # DATA ANALYST

ANALYSTE DES DONNÉES

Margaux Lacroix,
data analyst chez The Fork

Karen Petit,
consultante data & analytics chez PwC France

Quelles compétences faut-il pour faire ce métier de data analyst ?

« Il y faut à la fois de la rigueur, car on manipule beaucoup de données, mais aussi de l'ouverture d'esprit, pour explorer toutes les données sans *a priori*. »

Margaux Lacroix

Le data analyst joue un rôle essentiel en transformant les données brutes en informations exploitables, en collaborant avec différentes équipes et en contribuant à la prise de décision stratégique au sein de l'entreprise.

PRÉREQUIS

Niveau d'études

Les formations de niveau bac + 5 en école de commerce ou d'ingénieurs fournissent une base solide avec une orientation en statistiques ou data. Les formations de niveau bac + 3 fournissent des licences en statistiques et traitement de l'information.

Il existe en outre des formations en accéléré, comme DataBird, intensives et adaptées à ceux qui veulent se former rapidement.

Les 4 principales compétences

1 # Rigueur : les données manipulées peuvent être imprécises ou contenir des erreurs. Il est essentiel de vérifier constamment les chiffres avant de les communiquer, surtout s'ils sont destinés à être publiés.

2 # Ouverture d'esprit : en étant ouvert aux suggestions des collègues, on peut éviter de manquer des aspects importants et enrichir l'analyse avec des idées complémentaires.

3 # Communication : communiquer les résultats de l'exploitation des données aux clients ou aux équipes internes.

4 # Compétences techniques avec des outils comme Tableau pour la data visualisation, SQL (*Structured Query Language*) pour interroger les bases de données, le langage de programmation Python pour la manipulation et l'exploration de données, Google Analytics et Adobe Analytics pour l'analyse de données, TagCommander et Content Square pour la web analyse.

Niveau d'anglais

L'utilisation de l'anglais professionnel pour un data analyst est incontournable pour la compréhension de termes et concepts liés à la data, le rendu d'analyses et la communication avec les clients.

DESCRIPTION DU MÉTIER

Missions

- Récolte ou collecte des données.
- Mise à disposition des données.
- Suivi des indicateurs (KPI).
- Accompagnement des équipes.

Le data analyst travaille à rendre la donnée accessible et compréhensible aux différentes équipes.

Cela passe par la création de *dashboards* (tableaux de bord) ou la data visualisation.

Journée type

Il n'y a pas vraiment de journée type. Quand on arrive au travail, on connaît ses priorités, ses projets en cours et on sait comment ça va s'organiser. Il faut aussi être assez adaptable en cas d'urgence imprévue.

> « Pour ceux qui travaillent avec des données, la rigueur est une compétence qu'on acquiert rapidement, car il existe un protocole pour s'assurer de la qualité des données. Elle englobe le nettoyage des données, les techniques d'analyse, etc. Si la rigueur n'est pas appliquée, il y a un risque de manipuler des données de qualité médiocre, pouvant entraîner des résultats incorrects. Ainsi, la rigueur demeure un aspect crucial dans ce domaine. »
>
> Karen Petit

Mode de vie

Ce métier est complètement compatible avec le télétravail. Toutes les plateformes que l'on utilise sont accessibles à distance *via* un VPN (*virtual private network*, ou réseau privé virtuel) qui nous permet d'avoir accès aux données privées de l'entreprise.

Salaire

Un data analyst commence sa carrière avec un salaire variant de 35 000 € à 45 000 € brut par an. Les juniors sont généralement responsables des tâches opérationnelles et de l'analyse de données de base. Une fois expérimenté, un data analyst percevra entre 50 000 € et 60 000 € brut par an.

Les analystes expérimentés, continuant à travailler sur des aspects opérationnels, peuvent bénéficier d'une augmentation fondée sur leur expérience et leur expertise croissante dans l'analyse de données.

BONUS POUR TROUVER UN JOB

Toutes les certifications professionnelles proposées par Google et Microsoft sont vivement recommandées. Elles témoignent réellement de la volonté de démontrer ses compétences.

Les meilleures ressources

Ressources en ligne

- Plateforme OpenClassrooms, proposant des cours gratuits pour approfondir vos connaissances en Data Analysis.
- Forums d'entraide et communautés tel Stack Overflow, qui permettent de bénéficier d'aide et d'obtenir des réponses à vos questions sur la programmation informatique.

Ressources culturelles

- Le documentaire *Derrière nos écrans de fumée* de Jeff Orlowski (2020), consacré à la donnée et la tech.
- Le documentaire *Coded Bias: algorithmes et discrimination* de Shalini Kantayya (2020), sur la reconnaissance faciale.
- Le podcast *Data Driven 101*, qui propose des discussions captivantes sur le monde des données. Recommandé pour les *insights* et les perspectives intéressantes, notamment pour les passionnés du domaine de la data.

Le métier de data analyst en 3 points

1 # Analyse des données : extraire des insights (connaissances) pertinents à partir des données en utilisant des techniques statistiques et d'analyse.

2 # Communication des résultats : présenter de manière claire les conclusions de l'analyse aux parties prenantes non techniques à travers des visualisations compréhensibles.

3 # Compétences techniques : maîtriser des langages de programmation (SQL, Python, R) et des outils d'analyse de données (Excel, Tableau, Power BI).

« Cultivez votre curiosité pour rester informé des évolutions rapides du secteur, des nouvelles technologies et des innovations concurrentielles, pour favoriser la réactivité et l'innovation. »

Margaux Lacroix

POUR ALLER PLUS LOIN

Écoutez l'interview de Karen Petit :
http://dunod.link/jobdig25

Écoutez l'interview de Margaux Lacroix :
http://dunod.link/jobdig26

17 # PRODUCT OWNER

CHEF/CHEFFE DE PROJET NUMÉRIQUE EN MODE AGILE

Aude Février,
product owner chez Leboncoin

Mélissa Desde,
product owner blockchain manager chez Smart-Chain

Comment expliques-tu ton métier de product owner à ta mère ?

« Je lui explique souvent que je suis un peu comme papa, un chef de chantier, coordonnant les maçons, les plombiers, les électriciens. Sauf que moi, je ne construis pas une maison, mais un site web et une application mobile. »

Aude Février

Le product owner (PO) joue un rôle essentiel en assurant la satisfaction des besoins clients tout au long du processus de livraison d'un produit numérique. Il travaille en « méthode Agile » et fait le lien entre les équipes techniques (les développeurs), le marketing et les clients. Au sein de son équipe, le PO est le principal garant de la conception du produit.

Le PO agit comme le chef d'orchestre du projet, coordonnant toutes les parties impliquées et fournissant des retours réguliers au client sur l'avancement du projet.

PRÉREQUIS

Niveau d'études

Ce métier requiert une formation de niveau bac + 4/5 en école de commerce ou école d'ingénieurs. Une spécialisation en marketing stratégique ou management de projet digital est souvent recherchée. L'acquisition de compétences techniques tout au long du parcours est également valorisée.

Des formations en ligne (ou accélérées) peuvent compléter le parcours initial, type école 42, The Hacking Project, Le Wagon.

Les 4 principales compétences

1 # L'organisation : pour savoir coordonner et superviser les projets.

2 # L'analyse des données : avoir une capacité à interpréter les données et à orienter les projets futurs. L'analyse du comportement des utilisateurs est essentielle pour façonner un produit de qualité.

3 # Le travail en équipe : aptitude à collaborer efficacement.

4 # La bienveillance : importance d'une attitude positive et compréhensive, favorisant un bon relationnel et prévenant les problèmes de communication.

Niveau d'anglais

Dans certaines entreprises, les réunions, les échanges et même la correspondance peuvent se faire en anglais, en particulier lorsqu'il y a des interactions avec des collègues ou des partenaires internationaux. Bien que cela puisse varier d'une entreprise à l'autre, la capacité à communiquer efficacement en anglais est clairement un atout.

DESCRIPTION DU MÉTIER

Missions

- *Daily* et *sprint planning* (Réunion quotidienne) : planifier les tâches pour la semaine à venir lors du *sprint planning*, divisant le projet en *sprints* d'une semaine.
- Gestion des tickets : diviser les tâches en tickets détaillés, les déplacer de la colonne « Backlog » (à faire) à « Doing » (en cours) puis à « Terminé » et, enfin, à la colonne « PO to Review » pour la validation du product owner.
- Maîtrise de la méthode Agile : utiliser un tableau de bord Agile pour visualiser l'avancement du projet, en s'assurant que tout le monde est informé. Après la période de *sprint*, faire une réunion de « rétrospective » pour évaluer le travail fait.
- Relation client : faciliter une interaction avec le client lors de la présentation des résultats, s'assurant que le produit correspond à ses attentes et ses besoins.

En résumé, le product owner orchestre le processus de développement, de la planification à la validation finale, en assurant la communication et la satisfaction des clients.

Quel est l'aspect que tu préfères dans ton métier de product owner ?

« Ce que j'aime dans le métier de product owner, c'est que ça permet d'avoir un pied dans la tech, mais sans forcément mettre les mains dans le cambouis à 100 %. »

Mélissa Desde

Journée type

Il n'y a pas vraiment de journée type. Le travail est rythmé par les principes de la méthode Agile et ses quatre grandes cérémonies : la planification de *sprints*, la mêlée quotidienne, la revue de *sprints* et la rétrospective de *sprints*.

« L'autonomie pour un product owner signifie prendre l'initiative, être proactif en établissant des contacts avec les personnes nécessaires pour faire progresser un projet, sans craindre de prendre des responsabilités. Cette notion d'autonomie rejoint ainsi l'esprit d'initiative caractéristique des entrepreneurs. »

Aude Février

Mode de vie

Le mode de vie d'un product owner inclut souvent une alternance de présentiel et de télétravail. Les horaires de travail sont classiques, de 9 h 30 à 18 heures. Des réunions à distance sont organisées régulièrement ainsi qu'une réunion quotidienne de quinze minutes (le *daily*), à 9 h 40, pour maintenir la connexion avec l'équipe.

Salaire

Le salaire dépend de la localisation géographique (Paris ou en région), du nombre d'années d'expérience, des compétences maîtrisées ainsi que de l'ampleur des projets qui sont confiés au product owner.

Un PO junior gagne en moyenne 42 000 € brut par an. Un PO senior (avec plus de dix ans d'expérience) gagne jusqu'à 75 000 € brut par an.

BONUS POUR TROUVER UN JOB

Certifications professionnelles utiles :

- Certification Professional Scrum Product Owner (PSPO).
- Certifications Scrum Master ou Agile Scrum Master, pour être certifié scrum.
- Certifications *blockchain* chez Alyra pour acquérir des connaissances pratiques et théoriques.

Les meilleures ressources

Newsletter

- *Le Ticket*, le média indépendant du product management.

Podcasts

- *Product Squad*, un podcast et une communauté pour comprendre le product management, fournir des outils de développement, une culture produit et accélérer la carrière.
- *Clef de voûte*, qui propose apprentissages, méthodes, outils et conseils pour décoller en product management.

Le métier de product owner en 3 points

1 # Vision produit : le product owner est chargé de comprendre les besoins et les attentes du client, de définir les objectifs du produit et de s'assurer que l'équipe de développement a une compréhension claire de la direction à suivre.

2 # Gestion du *backlog* produit : évaluer et réorganiser la liste des fonctionnalités, des tâches prioritaires et des améliorations potentielles en fonction de la valeur qu'elles apportent au produit.

3 # Collaboration avec l'équipe de développement : le product owner travaille en étroite collaboration avec l'équipe de développement.

POUR ALLER PLUS LOIN

Écoutez l'interview d'Aude Février :
http://dunod.link/jobdig27

Écoutez l'interview de Mélissa Desde :
http://dunod.link/jobdig28

18 # INGÉNIEUR/ INGÉNIEURE SYSTÈME

Cassandre Ricou,
ingénieure système chez Exotec

Comment expliques-tu ton métier d'ingénieure système à ta mère ?
« En tant qu'ingénieure système, je m'assure que les robots que nous concevons pour les entrepôts logistiques sont pleinement fonctionnels et utiles pour nos clients. »

L'ingénieur système, également connu sous les noms d'architecte système réseaux ou d'auditeur systèmes, assume la responsabilité d'analyser, d'optimiser et de sécuriser les équipements informatiques et les logiciels d'une entreprise.

L'appellation « ingénieur système » implique la conception de fonctionnalités qui vont rendre un service. Par exemple, dans l'aéronautique, cela se traduit par des systèmes tels que le pilote automatique, qui améliore le confort de pilotage. Dans l'automobile, cela s'illustre par le système d'aide au maintien dans la voie, qui assure que le véhicule reste sur sa trajectoire en intégrant les différents aspects de la route.

En résumé, l'ingénieur système œuvre à créer des fonctionnalités intégrées pour améliorer la performance globale du produit.

PRÉREQUIS

Niveau d'études

La formation requise est un bac + 5, notamment à partir d'écoles d'ingénieurs généralistes ou spécialisées telles que l'Institut national des sciences appliquées (Insa), Polytechnique, l'École nationale supérieure de techniques avancées (Ensta) ou l'école des Mines. La formation bac + 5 à l'université est également appréciée, avec une orientation en informatique, réseaux et télécommunications.

Les 3 principales compétences

1 # Analyse et synthèse : analyser les besoins utilisateurs, remonter les bugs, les nouvelles fonctionnalités d'un système. Cela implique une gestion efficace d'un volume important d'anomalies et de demandes. L'utilisation de l'outil Monday est utile pour gérer un projet en remontant les bugs et proposer les améliorations.

2 # Travail en équipe : collaboration transparente avec différentes équipes et ingénieurs. Communication claire pour intégrer les besoins des parties prenantes.

3 # Pragmatisme : recherche de solutions nécessaires tout en respectant les contraintes de coûts et de délais.

Niveau d'anglais

L'anglais est essentiel dans le métier d'ingénieur système, tant à l'écrit qu'à l'oral. Les spécifications techniques sont rédigées en anglais pour faciliter le partage avec des fournisseurs internationaux, et les échanges oraux se font en anglais dans une entreprise internationale.

DESCRIPTION DU MÉTIER

Missions

- Définir les besoins techniques : l'ingénieur système travaille avec les clients pour comprendre ce dont ils ont besoin. Ensuite, il écrit des instructions détaillées sur la façon dont le système doit être construit, en tenant compte des règles et des demandes spécifiques.
- Documenter le travail : il rédige des documents expliquant comment le système a été créé. Il s'assure que tout est conforme aux règles, teste le système et garde une trace de tout. Cela aide à s'assurer que le produit ou le système est fiable.
- Faire évoluer le système : il écoute les retours des utilisateurs et corrige les problèmes qui surviennent. Il s'assure que le système répond aux besoins des utilisateurs et des clients. Cela garantit que le système continue à être utile et efficace.

Journée type

Le travail d'ingénieur système n'est pas routinier, il évolue en fonction des phases de développement du système. Les journées peuvent varier entre des sessions intensives de réunions, partages, informations et brainstorming, et d'autres où aucune réunion n'a lieu, permettant ainsi des moments de réflexion et de spécifications techniques.

« Explorez le domaine de la robotique. Si vous souhaitez le découvrir, participez à l'Exolegend, une compétition de robotique en mode Battle Royale organisée chez ExoTec, offrant une opportunité d'approfondir vos connaissances en robotique. »

Mode de vie

- Localisation flexible : les ingénieurs système travaillent principalement sur les sites de recherche-développement des entreprises, avec une possibilité de mobilité à l'étranger selon les projets.
- Mobilité occasionnelle : les déplacements vers les sites clients sont fréquents pour comprendre le fonctionnement des systèmes et répondre aux besoins spécifiques.
- Autonomie dans les horaires : ils jouissent d'une certaine autonomie, adaptant leurs horaires en fonction des besoins. Des horaires standard sont souvent respectés, avec une flexibilité pour répondre aux impératifs.

Le télétravail est possible en fonction des besoins.

Salaire

Un ingénieur système junior peut gagner entre 38 000 € et 42 000 € brut par an. Pour un ingénieur lead, le salaire est généralement compris entre 55 000 € et 65 000 € brut par an.

Une prime d'intéressement peut s'ajouter en fonction des entreprises.

Les meilleures ressources

- Le hackathon https://www.exolegend.com : programmez des robots de combat pour conquérir un labyrinthe !
- Le film *Flight* de Robert Zemeckis (2013), particulièrement pour la partie pilotage automatique.

Le métier d'ingénieur système en 3 points

1 # Conception et déploiement de l'infrastructure : les ingénieurs système sont responsables de la conception, de la mise en œuvre et du maintien de l'infrastructure informatique d'une organisation (serveurs, réseaux, systèmes de stockage).

2 # Gestion de la performance et de la disponibilité : ils surveillent en permanence les performances de l'infrastructure informatique.

3 # Sécurité et sauvegarde : ils mettent en place des mesures de sécurité, telles que des pare-feux, des systèmes de détection d'intrusion et des politiques de contrôle d'accès, pour protéger l'infrastructure contre les menaces potentielles.

« C'est un métier plein d'interactions. Je ne suis pas isolée du tout, je collabore avec diverses professions dans l'entreprise. En tant qu'ingénieure système, je fais le lien entre différents métiers travaillant ensemble pour créer un système efficace. »

POUR ALLER PLUS LOIN

Écoutez l'interview de Cassandre Ricou :
http://dunod.link/jobdig29

19 # INGÉNIEUR/ INGÉNIEURE CLOUD DEVOPS

Fabrice Gauvrit,
ingénieur cloud DevOps chez Capgemini

Comment expliques-tu ton métier d'ingénieur cloud DevOps à ta mère ?

« Mon métier d'ingénieur cloud DevOps consiste à automatiser des choses répétitives que plus personne ne veut faire à la main. »

DevOps est la contraction de *development* et *operations*. Un ingénieur DevOps introduit des processus, des outils et des méthodes pour équilibrer les besoins tout au long du cycle de développement des logiciels. Pour les nouveaux besoins des entreprises en matière d'accessibilité de leur système d'information, le *cloud computing* (informatique dans les nuages) permet le stockage des données en dehors de l'entreprise, avec un accès sécurisé.

PRÉREQUIS

Niveau d'études

Les formations classiques attendues sont les écoles d'ingénieurs ou les écoles d'informatique. D'autres options sont possibles à l'université ou *via* des plateformes d'apprentissage en ligne comme A Cloud Guru.

« Ce que j'aime dans ce métier, c'est d'être un étudiant perpétuel. Le spectre des technologies utilisées est vaste et demande de se former ou de se mettre à jour en permanence. »

Les 4 principales compétences

1 # Logique.

2 # Rigueur.

3 # Compétences en programmation informatique avec les multiples plateformes.

4 # Maîtrise des environnements de *cloud computing*.

Il est en outre essentiel d'être curieux, les technologies évoluant sans cesse.

Niveau d'anglais

On trouve beaucoup plus d'informations en anglais sur le web et tous les outils ne sont pas forcément traduits, donc l'anglais professionnel est indispensable. Pour certains clients, on peut même être amené à travailler en anglais.

Pourquoi avoir choisi le métier d'ingénieur cloud DevOps ?

« C'est une évolution naturelle de ma carrière durant laquelle j'ai commencé à exécuter des scripts (bouts de programme) en salle informatique pour maintenant faire du déploiement sur des serveurs en cloud. »

DESCRIPTION DU MÉTIER

Missions

Le design, pour s'assurer que l'architecture que l'on va proposer est adaptée aux projets du client, en respectant les normes de sécurité recommandées.

Les tests, la recommandation étant de décrire les tests avant de coder.

Comme cela, on a plutôt tendance à coder pour que ces tests soient réalisés dans les meilleures conditions possibles.

Le développement, pour lequel il faut s'assurer que les tests soient positifs.

La documentation pour qu'une autre personne puisse comprendre ce qu'on a voulu faire. Il en existe de deux types : la documentation technique, plutôt adressée aux personnes qui vont éventuellement reprendre la fonctionnalité et la faire évoluer, et une documentation plus orientée sur l'utilisation, qui va s'adresser aux utilisateurs finaux.

Quelles sont la tâche quotidienne qui te plaît le plus et celle qui te plaît le moins ?

« Ce qui me plaît le plus, c'est la recherche de la solution adaptée à la demande du client avec tous les défis que ça représente. La tâche qui me plaît le moins, c'est la partie rédaction de la documentation, mais c'est une étape importante si on veut livrer un travail de qualité. »

Journée type

Elle commence en général par une réunion d'équipe pour discuter des avancements et points de blocage éventuels sur les tâches assignées à chacun.

Le reste de la journée reste très varié : réflexion sur le design d'une solution, développement, tests, documentation, etc.

« Les entreprises auront toujours besoin de mettre en place des chaînes d'automatisation afin d'améliorer la qualité et la disponibilité de leurs services. Le métier va évoluer avec les outils et l'IA, ce qui le rend d'autant plus intéressant. »

Mode de vie

C'est un métier très sédentaire avec la possibilité de télétravailler plusieurs jours par semaine. Une fois les projets lancés (en général, en présentiel), on est assez autonome, même si cela reste un engagement d'équipe qu'on peut solliciter à tout moment.

« Ce n'est pas un métier de tout repos et on ne s'ennuie jamais. C'est un métier idéal pour tous ceux qui ont des affinités avec l'algorithmie et la logique. »

Salaire

La fourchette de salaire varie de 40 000 € à 75 000 € brut par an selon l'expérience et les compétences.

Les meilleures ressources

Mr. Robot de Sam Esmail (2015-2019), une série tournée vers le monde des hackers.

Le métier d'ingénieur cloud DevOps étant assez récent, il n'apparaît pas beaucoup dans les médias.

BONUS POUR TROUVER UN JOB

Certifications professionnelles utiles :

- Terraform, Kubernetes ou Azure DevOps, très utiles pour mettre en avant ses compétences.
- Certifications sur les *cloud providers* qui sont un vrai plus : Microsoft Azure, AWS (Amazon Web Services), GCP (Google Cloud Platform)...

Quelles sont les 3 principales qualités pour faire ce métier ?

« Rigueur, adaptabilité, logique. »

Le métier d'ingénieur cloud DevOps en 3 points

1 # Logique.

2 # Automatisation.

3 # Optimisation.

POUR ALLER PLUS LOIN

Écoutez l'interview de Fabrice Gauvrit : http://dunod.link/jobdig30

20 # DATA PROTECTION OFFICER

DÉLÉGUÉ/DÉLÉGUÉE À LA PROTECTION DES DONNÉES

Paul Ouvrard-Arnaud,
data protection officer chez Dentsu

Comment expliques-tu ton métier de data protection officer à ta mère ?

« Je lui explique simplement que j'essaie de veiller à ce que la publicité ne l'espionne pas. »

Le délégué à la protection des données (DPO) est une fonction récente au sein des entreprises. Sa principale responsabilité est de s'assurer que les méthodes de traitement et de stockage des données de l'organisation respectent les normes de conformité, qu'elles soient utilisées à des fins commerciales ou en interne, particulièrement dans le domaine des ressources humaines.

En résumé, le DPO veille à la protection et à la conformité des données au sein de l'entreprise.

PRÉREQUIS

Niveau d'études

- Juridique : la majorité des DPO ont un *background* juridique et sont souvent des spécialistes du droit. Ils sont experts dans les aspects légaux de la protection des données, mais doivent également développer des compétences techniques pour bien comprendre les implications pratiques.
- Profils techniques : certains DPO ont un parcours technique (informaticiens, ingénieurs ou développeurs) et acquièrent ensuite des compétences juridiques pour être en conformité avec les réglementations.

- Profils commerciaux : un troisième type de profil se caractérise par des compétences managériales ou commerciales. Ces DPO ne sont pas nécessairement des experts techniques ou juridiques, mais excellent dans la gestion d'équipes ou dans la communication. Leur rôle est crucial pour mobiliser les équipes autour de la protection des données, même si cela ne génère pas immédiatement du business.

Les 4 principales compétences

1 # Rigueur : assurer la conformité précise et cohérente aux règles de protection des données à caractère personnel (RGPD).

2 # Communication et collaboration : engager des discussions et collaborer efficacement avec diverses parties prenantes pour garantir la conformité.

3 # Adaptabilité et acquisition de compétences : s'adapter rapidement à l'évolution des besoins, acquérir de nouvelles compétences techniques ou juridiques selon les exigences.

4 # Écoute active : être attentif aux préoccupations des parties prenantes tout en fournissant des solutions conformes aux réglementations en matière de protection des données.

Niveau d'anglais

On demande souvent au DPO d'avoir un niveau d'anglais professionnel. Cela peut dépendre des entreprises.

DESCRIPTION DU MÉTIER

Missions

- Conformité des données : garantir la conformité de l'entreprise aux règles de protection des données à caractère personnel (RGPD).
- Contrôle interne : surveiller l'utilisation des données personnelles pour les activités internes, comme la gestion des employés.
- Gestion des données clients : superviser l'utilisation des données des clients, en particulier dans la publicité numérique, pour assurer la conformité réglementaire.

- Conseil et vérification : fournir des conseils aux équipes internes et clients, tout en effectuant des vérifications auprès des fournisseurs.
- Évaluation des risques : évaluer les risques liés à l'utilisation des données personnelles et prendre des mesures correctives si nécessaire.
- Communication : communiquer efficacement avec toutes les parties prenantes sur les enjeux de protection des données.

Journée type

- Réunions : rencontres régulières, notamment avec le service juridique, pour discuter des aspects légaux de la protection des données.
- Équipes clients/techniques : réunions avec les équipes clients ou techniques sur des problématiques liées à des campagnes spécifiques.
- Traitement de documents : analyse et traitement des documents supplémentaires pour assurer la conformité des activités et des fournisseurs.
- Veille technologique et juridique : effectuer une veille technologique et juridique pour rester informé des évolutions dans ces domaines.

« Mon premier conseil est de rester optimiste, car des formations dédiées existent pour développer les compétences requises. Restez constamment informé, en particulier sur les aspects juridiques, et explorez des bases de données comme Dalloz pour élargir vos connaissances. »

Salaire

Un DPO junior (jusqu'à cinq ans d'expérience) gagne entre 40 000 € et 55 000 € brut par an.

Au-delà de cinq années d'expérience, la fourchette globale pour le métier varie entre 40 000 € et 70 000 € brut par an, avec une tendance à la hausse en fonction de l'expérience.

BONUS POUR TROUVER UN JOB

La certification de la Commission nationale de l'informatique et des libertés (Cnil) est un outil de conformité permettant de répondre aux besoins des professionnels pour leur mise en conformité au règlement général sur la protection des données (RGPD).

Les meilleures ressources

Films

- *Snowden* d'Oliver Stone (2016), pour son récapitulatif sur le programme de surveillance de la National Security Agency (NSA) révélé par Edward Snowden.
- *Minority Report* de Steven Spielberg (2002), qui aborde le sujet des algorithmes prédisant les futurs criminels.
- *La Vie des autres* de Florian Henckel von Donnersmarck (2006), sur la surveillance dans la République démocratique allemande (RDA).

Livres

- *1984* de George Orwell (1949), un classique traitant de la surveillance par un État totalitaire.
- *Le Meilleur des mondes* d'Aldous Huxley (1931), qui offre une vision dystopique de la société et de la technologie.
- *L'Amour sous algorithme* de Judith Duportail (Goutte d'Or, 2019) : une exploration des implications des applications de rencontres sur la vie privée.

Documentaire

- *Tous surveillés : 7 milliards de suspects* de Sylvain Louvet (Arte, 2020), qui aborde la surveillance de masse.

Le métier de DPO en 3 points

1 # Surveillance de la conformité : s'assurer que l'entreprise respecte les réglementations en matière de protection des données, telles que le RGPD en Europe.

2 # Gestion des incidents de sécurité des données : cela inclut la notification aux autorités de régulation compétentes, la communication avec les parties prenantes concernées et la mise en place de mesures correctives pour éviter des incidents similaires à l'avenir.

3 # Formation et sensibilisation : le DPO organise des formations pour le personnel afin de garantir une compréhension adéquate des politiques et des procédures liées à la protection des données.

POUR ALLER PLUS LOIN

Écoutez l'interview de Paul Ouvrard-Arnaud : http://dunod.link/jobdig31

21 # MACHINE LEARNING ENGINEER

INGÉNIEUR/INGÉNIEURE EN APPRENTISSAGE AUTOMATIQUE

Cécile Fang,
machine learning engineer chez Criteo

Comment expliques-tu ton métier de machine learning engineer à ta mère ?
« C'est un domaine complexe, mais en résumé, je travaille dans le domaine de l'intelligence artificielle où j'utilise des données du passé pour anticiper des résultats futurs. »

Un ingénieur en apprentissage automatique fait deux choses :

- de l'apprentissage automatique (*machine learning*) : il utilise des données pour apprendre à la machine à reconnaître des schémas. Par exemple, montrer plusieurs photos de chiens à la machine pour qu'elle puisse apprendre à reconnaître un chien ;
- de l'ingénierie : il intègre le modèle d'apprentissage automatique dans un système existant pour qu'il puisse être utilisé dans la vie réelle. Cela s'appelle la mise en production.

PRÉREQUIS

Niveau d'études

En général, un machine learning engineer doit avoir un diplôme de haut niveau en informatique, mathématiques, statistique ou une discipline similaire, avec une maîtrise des concepts mathématiques avancés.

Les formations académiques sont proposées en école d'ingénieurs spécialisée en data ou à l'université avec une orientation en data.

« Travailler dans le *machine learning*, c'est passionnant ! C'est un peu comme de la magie et des maths mélangées. Imaginez, on peut apprendre à une machine à jouer aux échecs et la voir battre le meilleur joueur du monde. C'est un métier plein de défis excitants. »

Les 3 principales compétences

1 # Curiosité, pour analyser au mieux les données et poser les questions nécessaires à la construction et l'apprentissage du modèle.

2 # Capacité à vulgariser en communiquant les résultats du fonctionnement du modèle pour rendre le travail accessible et compréhensible.

3 # Notions en mathématiques et informatique, nécessaires pour développer les modèles de *machine learning*.

Niveau d'anglais

Il n'y a pas de prérequis concernant le niveau d'anglais, mais la nécessité de comprendre le vocabulaire technique, généralement anglophone.

DESCRIPTION DU MÉTIER

Missions

- Filtrage des produits : analyse du catalogue produits des clients, comprenant la description, le titre, le prix et l'image du produit ; utilisation d'un modèle de *machine learning* pour déterminer si un produit peut être affiché dans les publicités.
- Explications du modèle aux équipes produits : développement d'applications transparentes permettant aux équipes produits de comprendre les décisions du modèle ; possibilité pour les équipes de modifier manuellement les décisions du modèle en cas d'erreur, assurant ainsi une collaboration efficace.
- Maintenance évolutive du système : adaptation continue des modèles et des applications en production aux nouveaux produits et aux changements dans l'environnement ; attention particulière à la maintenance en cas de modifications dans la production, garantissant la stabilité et la performance du système.

Journée type

Le travail du machine learning engineer n'est pas routinier, il évolue en fonction des projets sur lesquels il travaille.

Mode de vie

Le travail de machine learning engineer est très flexible : il est possible de télétravailler à 100 %, ce qui offre une grande souplesse dans la gestion du temps de travail. Les horaires, généralement entre 9 h 30 et 18 h 30, sont eux aussi flexibles en fonction des objectifs et des échéances.

Le fonctionnement fondé sur des objectifs et des deadlines donne aux ingénieurs en *machine learning* une certaine autonomie dans la gestion de leur temps et une grande responsabilité.

Salaire

Un machine learning engineer gagne entre 45 000 € et 50 000 € brut par an à la sortie de l'école. Avec de l'expérience, un machine learning engineer senior gagne entre 70 000 € et 80 000 € brut par an.

Les meilleures ressources

Formations

- Des plateformes comme Coursera et LinkedIn Learning proposent des formations en ligne.

Film

- *The Imitation Game* de Morten Tyldum (2014), consacré à Alan Turing qui a commencé à utiliser les premiers modèles de *machine learning*.

Livres

- Les éditions O'Reilly, spécialisées dans le développement et dont le catalogue propose beaucoup de livres sur la data science et le *machine learning*.

Le métier de machine learning engineer en 3 points

1# Création de modèles intelligents : les ingénieurs en apprentissage automatique créent des programmes spéciaux qui peuvent apprendre à résoudre des problèmes par eux-mêmes, comme reconnaître des images, prédire des tendances ou prendre des décisions.

2# Préparation des données : ils travaillent sur des informations pour s'assurer qu'elles sont propres et utiles. Cela peut inclure le nettoyage des données en enlevant les erreurs, en les organisant correctement et en les transformant pour que les ordinateurs puissent les comprendre.

3# Mise en action des modèles : une fois les programmes créés, les ingénieurs s'assurent qu'ils peuvent être utilisés dans la vie quotidienne. Cela signifie les intégrer dans des applications ou des systèmes que les gens utilisent, comme des applications mobiles ou des sites web.

POUR ALLER PLUS LOIN

Écoutez l'interview de Cécile Fang : http://dunod.link/jobdig32

22 # RÉDACTEUR/ RÉDACTRICE WEB

Cédric Rémia,
rédacteur web chez MCE TV (Kwark Media)

Comment expliques-tu ton métier de rédacteur web à ta mère ?
« Le métier de rédacteur web est simple à comprendre. C'est un professionnel de la rédaction qui va écrire et publier du contenu rédactionnel, le plus souvent des articles de presse, sur le web. »

Un rédacteur web (ou rédacteur des contenus en ligne) a pour mission de créer du contenu destiné à être publié sur des plateformes web telles que des médias, des applications, des blogs ou des sites de commerce en ligne. Son travail implique la recherche d'informations sur des sujets spécifiques, la rédaction et la mise en forme de contenus dans des délais déterminés.

PRÉREQUIS

Niveau d'études

Être diplômé d'une école de journalisme constitue un choix privilégié.

Des formations universitaires telles que la communication écrite ou la communication digitale peuvent également être de bons parcours.

Les 4 principales compétences

1 # Compétences en rédaction : être capable d'écrire de manière fluide, maîtriser l'orthographe, la conjugaison et la syntaxe française.

2 # Développement d'un style rédactionnel efficace pour transmettre l'information de manière claire et engageante.

3# Maîtrise de la rédaction SEO : comprendre et appliquer les bonnes pratiques du SEO pour optimiser le référencement sur les moteurs de recherche.

4# Polyvalence et intérêt pour l'actualité : maintenir une veille constante sur l'actualité pour produire un contenu pertinent et attractif, adapté aux préoccupations du public cible.

> « Avant de se lancer, l'acquisition d'expérience est essentielle. Commencer en tant que correspondant local de presse ou en tenant un blog étudiant permet de s'habituer aux métiers de rédaction. Ces expériences sont appréciées et peuvent faire la différence lors des entretiens d'embauche. »

Niveau d'anglais

La maîtrise de l'anglais n'est pas nécessaire, car la rédaction se fait généralement en français. Par contre, si l'on souhaite travailler dans un pays anglophone, elle devient impérative.

DESCRIPTION DU MÉTIER

Missions et journée type

- Réunion matinale : chaque jour, une réunion rassemble l'équipe pour discuter des sujets prioritaires et établir les thèmes à traiter en fonction de la ligne éditoriale.
- Rédaction journalière : la journée se poursuit par le traitement continu des sujets définis en réunion, alignés sur la ligne éditoriale du média.
- Possibilité d'interviews : en fonction des besoins et de la nature du contenu à produire, les rédacteurs web peuvent également réaliser des interviews.
- Réunions éditoriales hebdomadaires : chaque semaine, des réunions éditoriales sont organisées pour discuter des avancements, ajuster la stratégie éditoriale et coordonner les efforts au sein de l'équipe.

« Il est judicieux de se spécialiser dans un domaine particulier, même en travaillant pour un média généraliste. Les médias apprécient les experts sur des sujets spécifiques, renforçant ainsi la valeur d'un rédacteur web. »

Mode de vie

Les rédacteurs web ont généralement des horaires de bureau classiques de 10 heures à 18 heures. La plupart travaillent en région parisienne, où sont situés les locaux des agences, des rédactions web et des médias. Ils peuvent néanmoins être amenés à se déplacer à l'extérieur, que ce soit en France ou à l'étranger. Ces déplacements sont relativement rares.

En freelance, un rédacteur web a la possibilité de travailler avec une plus grande flexibilité géographique.

Salaire

Un rédacteur web junior gagne entre 21 000 € et 30 000 € brut par an.

Un rédacteur web senior gagne entre 35 000 € et 40 000 € brut par an.

Le salaire mensuel moyen d'un rédacteur web freelance est d'environ 2 000 € brut, mais cela peut varier en fonction du nombre de collaborations et de la rémunération par les clients.

La meilleure série

« *Mr. Robot* de Sam Esmail (2015-2019), si vous ne l'avez pas encore vue ! »

BONUS POUR TROUVER UN JOB

Des certifications comme Le Projet Voltaire peuvent être utiles pour perfectionner et valider la maîtrise de la langue et de l'orthographe.

La lecture régulière d'articles de presse est recommandée pour se familiariser avec le style rédactionnel.

Ton métier de rédacteur web en 3 mots ?

« Actualité, articles, Internet, soulignant l'importance d'être bien informé, de rédiger des articles de presse pour les médias et de créer des contenus numériques en ligne. »

Le métier de rédacteur web en 3 points

1# Compétences rédactionnelles solides : le rédacteur web doit posséder d'excellentes compétences en rédaction pour produire un contenu clair, informatif et engageant.

2# Maîtrise des techniques SEO : comprendre et appliquer les techniques de référencement (SEO) est essentiel pour optimiser le contenu.

3# Adaptabilité et spécialisation : le rédacteur web doit être capable de s'adapter à différents sujets et formats de contenu.

POUR ALLER PLUS LOIN

Écoutez l'interview de Cédric Rémia : http://dunod.link/jobdig33

23 # DRIVE TO STORE MANAGER

RESPONSABLE DE LA CONVERSION DES VENTES DIGITALES EN VENTES PHYSIQUES

Augustin Evrard,
drive to store manager chez DS Automobiles

Comment expliques-tu ton métier de drive to store manager à ta mère ?

« Le métier de drive to store manager consiste à guider les clients depuis leur première découverte en ligne, pour les inciter à se rendre en point de vente. L'objectif étant d'amener les utilisateurs en magasin pour que les conseillers experts puissent prendre le relais et conclure des ventes. »

L'objectif est d'utiliser le digital comme moyen de susciter l'intérêt et d'informer les utilisateurs, les incitant ensuite à se rendre physiquement en concession.

Les consommateurs, de plus en plus connectés, utilisent constamment leurs smartphones. Cette évolution a profondément impacté le commerce, obligeant à l'adoption de nouvelles stratégies telles que le drive to store.

PRÉREQUIS

Niveau d'études

Une formation classique en école de commerce (bac + 5) est idéale, ou à l'université avec une spécialisation en marketing digital ou en e-commerce.

Les 4 principales compétences

1 # La curiosité, essentielle pour obtenir une vision d'ensemble, comprendre la structure globale et les implications de chaque décision pour améliorer l'expérience client.

2 # L'adaptabilité, cruciale pour un rôle avec des changements fréquents de stratégie et des besoins immédiats demandant une réactivité rapide.

3 # La gestion du stress, en particulier dans des périodes de pression intense.

4 # La réactivité et la communication, avec les bonnes personnes.

Niveau d'anglais

Un drive to store manager doit parler anglais lorsqu'il travaille avec des points de vente situés dans différents pays.

DESCRIPTION DU MÉTIER

Missions

- Gestion des campagnes marketing : planifier, mettre en œuvre et superviser des campagnes marketing digitales.
- Analyse des données : collecter et analyser des données pour évaluer l'efficacité des campagnes.
- Mise en place de partenariats : établir des partenariats avec des plateformes, des influenceurs ou d'autres acteurs pertinents.
- Suivi des tendances du marché : rester informé des évolutions du marché, des comportements des consommateurs et des innovations digitales.
- Rapports : préparer des rapports réguliers sur les performances des campagnes.

Journée type

La journée d'un drive to store manager est rythmée par la résolution des bugs et problèmes de remontées de données, le recueil de besoins clients (différent en fonction des pays), l'étude de la base CRM.

Une journée habituelle peut inclure la collaboration avec un UX designer afin de réévaluer la structure des formulaires ou l'agencement du site web destiné aux revendeurs, concessionnaires et points de vente, dans le but d'améliorer l'expérience utilisateur.

« Je m'intéresse aux outils pour comprendre les *leads* (clients potentiels). J'utilise Google Analytics, Excel et Looker Studio pour créer des rapports personnalisés concernant notre clientèle. Ces rapports sont essentiels pour évaluer les performances. En résumé, l'analyse chiffrée me permet de réagir rapidement et d'agir de manière proactive. »

Mode de vie

Le métier du drive to store manager nécessite des déplacements qui ont pour objectif de recueillir des retours directement des vendeurs en magasin, en première ligne face aux clients. Ces retours sont essentiels pour comprendre les besoins et améliorer les outils et les process.

Salaire

Un drive to store manager junior gagne entre 37 000 € et 45 000 € brut par an.

Les meilleures ressources

- *Elon Musk* de Walter Isaacson (traduit de l'américain par Johan-Frédérik Hel-Guedj et Pierre Reignier, Fayard, 2023) : la biographie de l'innovateur le plus fascinant et le plus controversé de la planète.
- *Steve Jobs* de Danny Boyle (2015) : un film consacré au créateur d'Apple.
- *The Social Network* de David Fincher (2010) : un film sur la création de Facebook.

Pourquoi avoir choisi ce métier ?

« J'ai toujours eu un intérêt pour le digital et les résultats concrets. Ce que j'aime au quotidien, c'est mettre en place des initiatives et les analyser avec notre équipe. Mesurer immédiatement les performances et ensuite optimiser à partir des résultats. Le drive to store, c'est du test and learn. »

Le métier de drive to store manager en 3 points

1 # Stratégies drive to store : développer des tactiques numériques pour attirer les clients vers les magasins physiques.

2 # Analyse de données : utiliser des outils comme Google Analytics pour évaluer l'efficacité des campagnes et ajuster les stratégies.

3 # Coordination multicanal : assurer une collaboration efficace entre les canaux en ligne et les opérations en magasin pour maximiser l'impact des actions digitales sur la fréquentation physique.

POUR ALLER PLUS LOIN

Écoutez l'interview d'Augustin Evrard : http://dunod.link/jobdig34

24 # CAMPAIGN MANAGER

RESPONSABLE DES CAMPAGNES DIGITALES

Clarisse Vaucher,
campaign manager chez Zapa Tara Jarmon

Comment expliques-tu ton métier de campaign manager à ta mère ?

« C'est un peu compliqué, mais généralement, pour faire très simple, je lui dis : sur Instagram, les publicités que tu vois entre chaque story, c'est mon métier de les programmer et de les mettre en ligne. »

Le campaign manager (responsable des campagnes digitales) conçoit et met en œuvre des campagnes de marketing pour promouvoir des produits, services ou événements, ciblant les consommateurs ou les entreprises. Relevant de la direction marketing et communication, il supervise les campagnes digitales, les adaptant au fil du temps en fonction des résultats obtenus, en mettant l'accent sur l'acquisition de prospects et la fidélisation client.

PRÉREQUIS

Niveau d'études

Pour exercer ce métier, une formation bac +2 ou bac + 5 est idéale, avec un diplôme d'école de commerce ou un diplôme universitaire avec une spécialisation en marketing digital.

En outre, une expérience est souhaitée dans les solutions de *marketing automation* comme Adobe Campaign, Salesforce Marketing Cloud, Microsoft Dynamics, Selligent ou en *lead generation* comme HubSpot.

Les 3 principales compétences

1 # Organisation : aptitude à organiser et à superviser plusieurs campagnes simultanément.

2 # Goût des chiffres : habileté à travailler avec des données et des analyses, impliquant la manipulation de fichiers Excel et la compréhension approfondie des chiffres.

3 # Curiosité : engagement à rester constamment en veille sur les évolutions du digital.

Niveau d'anglais

Un niveau d'anglais professionnel est préférable pour la collaboration avec les marchés internationaux et la rédaction en anglais lors de la mise en place de campagnes internationales.

DESCRIPTION DU MÉTIER

Missions

- Préparation des briefs créatifs : élaboration des briefs créatifs en collaboration avec la direction artistique, détaillant les idées publicitaires, formats, photos et visuels pour les campagnes.
- Mise en ligne des campagnes publicitaires : gestion des campagnes publicitaires, incluant la mise en ligne sur différents canaux tels les réseaux sociaux (Facebook, TikTok, Instagram...) et le SEA (Search Engine Advertising ou référencement payant).
- Analyse des chiffres : analyse des performances des campagnes, examinant les chiffres tels que les clics, taux de vente, retour sur investissement (ROI).
- Optimisation des campagnes : optimisation continue des campagnes en cours, ajustant visuels, textes, et autres éléments pour maximiser l'efficacité.
- Recherche de nouvelles opportunités et benchmark : exploration des opportunités internes, comme l'identification de produits ou de segments de marché prometteurs, ainsi que la surveillance des tendances chez les concurrents.

Journée type

Les points cruciaux de la journée d'un campaign manager incluent de remplir les chiffres de la veille, assurant ainsi le suivi du chiffre d'affaires généré, des dépenses et la correction d'éventuelles anomalies.

La journée varie en fonction du planning commercial, impliquant la mise en ligne, l'optimisation et l'analyse des campagnes en cours. Financièrement, la fin ou le début de mois sont dédiés à l'analyse des coûts du mois précédent.

> « La partie rédactionnelle est essentielle dans le métier, impliquant la création de textes pour les annonces publicitaires. Trouver le ton juste représente un défi, nécessitant une compréhension subtile de la manière d'aborder les clients. »

Salaire

Pour un campaign manager junior, le salaire brut annuel varie entre 31 000 € et 38 000 €. Pour un campaign manager senior, il peut aller jusqu'à 53 000 €.

S'y ajoutent des possibilités de primes, notamment liées au chiffre d'affaires généré.

En ce qui concerne les perspectives d'évolution, le campaign manager peut s'orienter vers des postes tels que marketing manager senior, directeur marketing ou chef des ventes.

> « Si vous êtes intéressé par ce poste, c'est important de vous lancer. C'est un job qui est vraiment très riche, très varié, très porteur. Les entreprises en recherchent énormément. »

BONUS POUR TROUVER UN JOB

Certifications professionnelles utiles :

- La certification Google Analytics atteste des compétences dans l'analyse approfondie des données d'audience des sites web.
- La certification Google Ads valide les connaissances approfondies dans la gestion des campagnes publicitaires.

- Les certifications Meta démontrent la maîtrise des outils publicitaires disponibles chez Meta, incluant Instagram.

Quelles sont les 3 principales qualités d'un campaign manager ?

« L'organisation pour vraiment gérer chacune de nos tâches. Aimer travailler avec les autres parce qu'on est en transverse avec toutes les équipes de l'entreprise. Et être consciencieux, car il y a énormément de détails auxquels il faut faire attention. »

Le métier de campaign manager en 3 points

1 # Planification : concevoir des campagnes publicitaires en définissant les objectifs et la cible.

2 # Gestion : superviser la mise en œuvre des campagnes, coordonner la création de contenu et gérer le budget.

3 # Analyse : évaluer les résultats des campagnes, ajuster les stratégies en fonction des performances et fournir des rapports détaillés.

POUR ALLER PLUS LOIN

Écoutez l'interview de Clarisse Vaucher :
http://dunod.link/jobdig35

25 # CRM MANAGER

RESPONSABLE DE LA RELATION CLIENT

Morgane Agad,
cheffe de projet CRM chez Maisons du Monde

Jérémy Moinard,
CRM manager chez Openclassrooms

Comment expliques-tu ton métier de CRM manager à ta mère ?

« Je pense que si ma mère lit cette fiche et écoute mon interview, elle comprendra mieux. Mais je lui dis simplement que les messages, les newsletters et les SMS de Maisons du Monde, c'est moi qui les envoie aux clients. »

Morgane Agad

Le chef de projet CRM (Customer Relationship Management ou gestion de la relation client) est chargé de la relation client. Il travaille spécifiquement avec les clients déjà connus de l'entreprise, tels que ceux inscrits au programme de fidélité ou ayant fourni leur adresse e-mail lors d'achats en ligne ou en magasin.

En résumé, le CRM se concentre sur la gestion des relations avec les clients existants et globalement fidèles à l'entreprise.

PRÉREQUIS

Niveau d'études

Un niveau bac + 5 dans une université ou une école de commerce est idéal.

Une spécialisation en marketing digital ou en gestion de la relation client est recommandée.

Les compétences recherchées incluent une combinaison de connaissances en marketing, une maîtrise des compétences dans les outils CRM comme Salesforce et SAP. En plus des aspects techniques, le CRM manager doit posséder des compétences en gestion de projet, une forte aptitude à l'analyse statistique et des qualités relationnelles et de communication.

Les 3 principales compétences

1 # Communication et sens relationnel : être capable d'expliquer clairement les concepts, avoir un bon sens relationnel et être à l'aise à l'oral pour les présentations.

2 # Rigueur : essentielle, notamment lors de l'envoi de *newsletters* et de *push web* (notifiacation) à une grande audience.

3 # Esprit analytique : être capable d'analyser les résultats des campagnes, évaluer leur rentabilité, être à l'aise avec les chiffres et produire des rapports détaillés.

Niveau d'anglais

Le métier de CRM manager ne nécessite pas l'utilisation de l'anglais, hormis au sein d'une entreprise qui collabore beaucoup avec des partenaires étrangers.

DESCRIPTION DU MÉTIER

Missions

- Élaboration de la stratégie CRM incluant la gestion de la pression commerciale, la planification d'envoi de campagnes, les scénarios de relance et la mise en place d'A/B tests pour évaluer l'efficacité des dispositifs.
- Analyse et suivi des indicateurs de performance concernant le suivi des indicateurs clés de performance (KPI) tels que le taux d'ouverture, le taux de clic et le taux de réactivité. Il s'agit de réaliser des bilans et de proposer des plans d'action.
- Coordination des projets liés au CRM tels que la réactivation de la base inactive, l'amélioration des envois et l'optimisation de la conversion. Elle peut englober des aspects techniques, des discussions avec les équipes produit, des interactions avec des prestataires et la gestion des aspects juridiques liés au RGPD.

Journée type

La première tâche de la journée pour un chef de projet CRM est de vérifier les envois de campagnes réalisés la veille. Elle se poursuit par la gestion des e-mails et la mise à jour du planning afin de rester informé des activités en cours. La suite de la journée est dédiée au suivi des différents projets planifiés pour les prochaines semaines.

> « Je recommande de poursuivre régulièrement sa formation, notamment à travers des opportunités de formation au sein de l'entreprise, pour rester à jour dans le domaine du CRM, qui évolue constamment. »
>
> Morgane Agad

Mode de vie

Malgré des horaires classiques (généralement maintenus entre 8 heures et 18 heures), les CRM managers ont une certaine flexibilité dans la gestion de leurs horaires.

Les CRM managers ont des rencontres fréquentes avec les prestataires pour des réunions, des bilans, des reportings ainsi que pour des moments plus informels et conviviaux.

Salaire

Un chef de projet CRM junior, avec un à deux ans d'expérience professionnelle, peut s'attendre à un salaire brut annuel minimal de 34 000 € à 35 000 €.

Avec cinq à quinze ans d'expérience, un CRM manager senior peut viser jusqu'à 70 000 € brut par an.

Les primes dépendent des objectifs fixés pour l'année. Les critères peuvent varier d'une entreprise à une autre, mais ils sont souvent liés aux performances du service et de l'entreprise.

Les meilleures ressources

Formations en ligne avec OpenClassrooms, « Utilisez un CRM dans votre activité de commercial ».

Exemples de prestataires CRM :

- HubSpot, un outil qui fait un peu de tout dans le marketing ;
- Batch, un prestataire qui fournit des services, notamment d'envoi des notifications mobiles ;
- Tinyclus, un prestataire qui se spécialise dans le ciblage client ;
- Blueshift, un outil de CRM favorisant la verticalisation.

Le métier de CRM manager en 3 points

1# Relation avec les clients : le CRM manager s'occupe de bien comprendre les clients, en utilisant des informations pour améliorer leur expérience et les fidéliser.

2# Maîtrise des outils CRM : il utilise des outils pour automatiser les tâches et rendre les campagnes marketing plus efficaces.

3# Analyse et décisions : en analysant les résultats des campagnes, il prend des décisions intelligentes pour s'assurer que les clients sont satisfaits et que l'entreprise se développe.

POUR ALLER PLUS LOIN

Écoutez l'interview de Morgane Agad :
http://dunod.link/jobdig36

Écoutez l'interview de Jérémy Moinard :
http://dunod.link/jobdig37

3
LE TOP 5 DES MÉTIERS DE DEMAIN

Ce chapitre est particulièrement important pour vous si vous souhaitez vous former aux métiers du digital. Il vous donne un aperçu des cinq métiers les plus recherchés dans les prochaines années, des métiers nouveaux ou dont la demande augmente sensiblement dans les entreprises ces derniers temps.

Pour établir ce top 5, nous nous sommes appuyés sur plusieurs expertises :

- les derniers classements publiés par les recruteurs spécialisés dans le digital, les associations professionnelles, les entreprises et les organismes de formation[1] ;
- celle de l'auteur de cet ouvrage, Bertrand Jonquois, qui compte plus de vingt-cinq ans d'expérience dans le secteur du digital ;
- celle de dix experts du recrutement ou de la formation aux métiers du digital, que nous avons interrogés ;
- le classement des métiers effectués par les auditeurs du podcast *Le Gagne-Pain* en fonction des audiences de chaque épisode sur plus de 50 000 écoutes.

> **BON À SAVOIR**
>
> Le format très synthétique des cinq fiches pour les métiers de demain vous permettra de sélectionner ceux qui vous intéressent.
>
> Dans un deuxième temps, vous pourrez compléter la découverte et la compréhension de ces métiers grâce aux interviews réalisées sur le podcast *Le Gagne-Pain* (vingt minutes par interview).
>
> Enfin, vous retrouverez en introduction de chaque fiche-métier la réponse à cette question simple et drôle posée aux professionnels du digital : « Comment expliques-tu ton métier à ta mère ? »

1. France Travail, Indeed, Monster.fr, Michael Page, Aravati, l'Alliance Digitale, Numeum, la Grande École du numérique, OpenClassrooms, Studyrama, *L'Étudiant*...

1 # PROMPT ENGINEER

DRESSEUR/DRESSEUSE D'IA

Sami Mhidia,
prompt engineer

Comment expliques-tu ton métier de prompt engineer à ta mère ?
« Je suis spécialiste dans la formulation des deux ou trois phrases qui font comprendre aux modèles d'intelligence artificielle générative ce que je souhaite faire. »

Le prompt engineering (« dressage d'IA ») est une discipline complète de l'intelligence artificielle (IA) qui implique la conception et l'optimisation systématique des *prompts* (instructions) ainsi que la connaissance des systèmes d'IA générative.

Les 3 principales compétences

1 # Excellentes compétences rédactionnelles, afin de manier le verbe, soupeser les mots et en explorer le sens.

2 # Bon niveau en résolution de problèmes : réussir à les identifier, examiner les solutions possibles et mettre en œuvre le meilleur plan d'action.

3 # Créativité. Elle implique de briser les conventions grammaticales et lexicales. C'est la poésie, c'est l'incertitude, c'est l'hésitation, c'est le trouble, et tout cela est source de la créativité.

Niveau d'anglais

54 % du corpus d'entraînement des modèles d'IA sont en anglais, il est donc impératif de maîtriser l'anglais pour faire ce métier. L'anglais est plus riche que le français en termes de vocabulaire et d'adjectifs, notamment. On va être capable de donner de meilleures instructions au modèle en anglais.

DESCRIPTION DU MÉTIER

Missions

- Conception et optimisation de *prompts* et d'agents d'IA.
- Évaluation des performances des modèles et réglage des paramètres.
- Création de guides et bonnes pratiques.

Mode de vie

Ce métier est compatible avec le travail à distance. Les plateformes que l'on utilise sont accessibles partout avec une bonne connexion, ce qui nous permet d'avoir une activité en nomadisme (Digital Nomad).

« Avec les modèles d'IA, il faut être le plus explicite possible. Il faut s'imaginer que l'on parle à un bébé… qui serait un génie. Il est capable de tout faire, mais il faut être très explicite et très clair avec lui. »

Salaire

Le salaire généralement proposé par des entreprises américaines pour un prompt engineer va de 303 000 $ à 353 000 $ brut par an selon *Bloomberg*.

« Le prompt engineer ou le "dresseur d'IA" pourrait devenir l'un des métiers les plus recherchés d'ici à deux ans, selon le magazine américain *Bloomberg*. »

Les meilleures ressources

- David Shapiro, masterclass sur l'intelligence artificielle (en anglais), https://www.youtube.com/@DaveShap
- David Shapiro, « Natural Language Cognitive Architecture » (gratuit), https://github.com/daveshap/NaturalLanguageCognitiveArchitecture
- *Learn Prompting*, le guide du prompt engineering (en anglais), https://learnprompting.org/docs/intro

- *OpenAI documentation*, https://platform.openai.com/docs/guides/prompt-engineering : ce guide partage des stratégies et des tactiques pour obtenir de meilleurs résultats avec les systèmes d'IA.
- The OpenAI Developer Forum (ChatGPT), https://community.openai.com/
- *Terminator*, la série cinématographique.
- La série *Black Mirror* de Charlie Brooker (2011-) sur Channel 4 et Netflix.
- Les podcasts *Data Skeptic*, https://dataskeptic.com/

POUR ALLER PLUS LOIN

Écoutez l'interview intégrale de Sami Mhidia : http://dunod.link/jobdig38

2 # DIGITAL LEARNING MANAGER

RESPONSABLE DE L'APPRENTISSAGE NUMÉRIQUE

Arnaude Lintzer,
cheffe de projet digital learning au Pôle Léonard-de-Vinci

Mathilde Nasser,
digital learning manager chez Learn Assembly

Comment expliques-tu ton métier de digital learning manager à ton père ?

« Je suis fille de prof. Donc, pour mon père, l'enjeu, c'est lui dire que former, ça ne passe pas uniquement dans une salle de classe avec un prof qui parle tout seul au tableau. »

Mathilde Nasser

Le digital learning manager (ou responsable de l'apprentissage numérique) pilote la formation digitale sous tous ses aspects au sein d'une entreprise. C'est lui qui élabore la formation en tenant compte du niveau des apprenants.

Les 3 principales compétences

1 # La curiosité : il faut être ouvert, avoir envie d'apprendre, de parler à des interlocuteurs différents. Il ne faut surtout pas être étroit d'esprit.

2 # Le pragmatisme, car dans la formation on veut toujours faire des trucs incroyables, mais parfois, il faut savoir abandonner certaines grandes idées pour aller sur quelque chose qui marche.

3 # L'empathie : c'est vraiment le cœur du métier. Pour enseigner, il faut comprendre ce qui se passe dans la tête des autres.
80 % du métier, c'est se mettre à la place des apprenants et comprendre ce qui va se passer dans leur tête quand ils seront en formation.

Niveau d'anglais

L'anglais professionnel n'est pas forcément nécessaire. Selon les structures dans lesquelles on travaille, l'anglais peut être utile si elles ont un rayonnement international.

> « La cheffe de projet digital learning doit maîtriser les outils de visio et d'audioconférence, les outils d'animation de cours, les quizz interactifs, les tableaux numériques en salle de cours et, plus généralement, suivre l'évolution des EdTech (technologies de l'éducation). »
>
> Arnaude Lintzer

DESCRIPTION DU MÉTIER

Missions

- Accompagner un organisme de formation, une école ou une entreprise pour l'aider à définir ses besoins en formation.
- Créer des dispositifs de formation en définissant les objectifs pédagogiques, les contenus, le format (en présentiel ou à distance), la durée, les outils et la validation des acquis.
- Former des formateurs, c'est-à-dire les aider à trouver les bons outils, la bonne posture et répondre à leurs interrogations.

> « Un digital learning manager, c'est quelqu'un qui est capable de monter une formation de A à Z, pour une école, un organisme de formation ou une entreprise, en tenant compte des spécificités des apprenants, du contenu transmis et du client. »
>
> Mathilde Nasser

Mode de vie

Cela peut dépendre des structures, mais la majorité du temps le travail se fait à distance. Quand j'anime à distance, je suis en télétravail parce que c'est plus facile.

Dans certaines structures, on peut même être 100 % à distance.

Salaire

Selon l'expérience, un digital learning manager peut gagner entre 38 000 € et 50 000 € brut par an. Il peut y avoir des primes en fonction des résultats annuels de l'entreprise.

« Entre les métiers qui n'existent pas encore, ceux qui vont évoluer et les nouvelles technologies, tout le monde va avoir besoin de se former en continu. Il va falloir beaucoup de digital learning managers, et ça va recruter massivement pour ce job. »

Mathilde Nasser

Les meilleures ressources

- La formation en ingénierie pédagogique proposée par l'université de Nanterre en présentiel, les formations en ligne OpenClassrooms, Le Bahut et Learn Assembly.
- Les *newsletters* de l'agence de conseil en pédagogies innovantes Sydo, du Centre Inffo, de Nicolas Roland, Marie Daulé ou Rémi de 23.
- Le podcast *Digital Makers*.
- La collection de livres « Mythes & réalité » aux éditions Retz.
- *Shut!* Magazine.
- Le site l'agence de conseil en pédagogie Sydo et celui d'Unow.

POUR ALLER PLUS LOIN

Écoutez l'interview intégrale de Mathilde Nasser :
http://dunod.link/jobdig39

Écoutez l'interview intégrale d'Arnaude Lintzer :
http://dunod.link/jobdig54

3 # GAME DESIGNER

CONCEPTEUR/ CONCEPTRICE DE JEU

Jordan Da Rocha,
game designer chez Marbotic

Comment expliques-tu ton métier de game designer à ta mère ?
« Elle ne comprend pas toujours. Mais quand j'essaie, je lui dis que je vais déterminer tout ce qu'un joueur va pouvoir faire dans le jeu et comment il va pouvoir interagir avec celui-ci. »

Le game designer (ou concepteur de jeu) occupe un poste clé dans la production d'un jeu vidéo. C'est lui qui conçoit le concept, la mécanique du jeu et sa prise en main : c'est le *gameplay* ou la « jouabilité du jeu ». Son objectif est de rendre le jeu le plus attractif possible.

Les 3 principales compétences

1 # La conception et le découpage pour identifier les mécaniques du jeu. Il s'agit de décider que le personnage fera tel mouvement, telle action ou aura tel effet sur son environnement.

2 # La documentation, car le game designer est au milieu d'une production avec d'autres pôles de compétences.

Produire une documentation précise et détaillée pour les développeurs et les artistes, afin de produire ce qui est nécessaire à la création du jeu.

3 # L'équilibrage : c'est le travail du game designer, après la phase de test, de voir ce qui a fonctionné et ce qui n'a pas fonctionné. Par exemple, dans le cas de Mario, s'il saute trop loin ou si il faut le faire aller plus vite, etc. Il faut alors modifier ces paramètres pour être le plus proche possible de l'expérience qu'on veut établir avec le joueur.

Niveau d'anglais

Un bon niveau d'anglais technique est indispensable pour le métier de game designer.

DESCRIPTION DU MÉTIER

Missions

Ses missions dépendent des phases dans la production :

- Travail de conception et de découpage pour identifier toutes les mécaniques du jeu… et décider que le personnage aura tel mouvement, telle action ou tel effet sur son environnement.
- Production d'une documentation précise et détaillée pour les développeurs et les artistes, afin de produire tout ce qui est nécessaire à la création du jeu.
- Tests et modifications jusqu'à avoir le meilleur produit possible. C'est l'équilibrage du jeu.

Pourquoi avoir choisi le métier de game designer ?

« C'est un travail assez sérieux, mais qui permet de donner du sourire, de l'émotion et du fun aux gens. C'est ça qui est intéressant dans le métier de game designer. »

Salaire

En début de carrière, un game designer touche entre 26 000 € et 30 000 € brut par an.

Il peut passer en quelques années à 35 000 € à 45 000 € en tant que senior.

Les évolutions possibles ? Prendre des responsabilités de management et devenir lead game designer.

« On le voit souvent comme celui qui va dessiner des personnages. Le game designer, c'est en fait la conception de toute l'expérience et des mécaniques d'un jeu. »

Les meilleures ressources

Formations

- Il y a trois écoles reconnues, SupinfoGame à Valenciennes, ISART Digital à Paris et l'Enjmin à Angoulême, et maintenant beaucoup d'écoles ont intégré des formations de Game Design.

Ressources en ligne

La communauté du jeu vidéo est très présente sur YouTube, avec des analyses de jeux comme :

- *Noclip*, https://www.youtube.com/c/NoclipVideo/videos
- *Game Maker's Toolkit* de Mark Brown, https://www.youtube.com/c/MarkBrownGMT

Manifestations

- Le Game Jam, par exemple, dont le but est d'apprendre, de sortir de sa zone de confort et de se spécialiser.

POUR ALLER PLUS LOIN

Écoutez l'interview intégrale de Jordan Da Rocha : http://dunod.link/jobdig40

4 # PRODUCT BUILDER

CONSTRUCTEUR/ CONSTRUCTRICE DE PRODUIT

Nassim Farah,
product builder chez Payfit

Comment expliques-tu ton métier de product builder à ta mère ?

« Je dirais que l'on est des bâtisseurs du produit, à l'égal de l'architecte qui construit des maisons. C'est la même chose, sauf que le product builder construit un produit digital. »

Un product builder est un expert au cœur de la conception des solutions digitales. Il a recours à des outils no-code (développement sans code informatique) pour concevoir un site Internet ou une application. C'est un métier en pleine construction qui est résolument tourné vers l'avenir pour construire des produits digitaux.

Les 3 principales compétences

1 # Être curieux et aimer apprendre, pour se former aux nouveaux outils low-code ou no-code.

2 # Être organisé et rigoureux, car on travaille avec beaucoup d'interlocuteurs différents et ce que l'on fait a un impact immédiatement visible par les clients.

3 # Avoir des compétences interpersonnelles, de leadership, de gestion de projet, de travail en équipe, de prise d'initiative et d'autonomie pour être moteur sur les projets pour qu'ils avancent dans la bonne direction.

Niveau d'anglais

Il n'est pas obligatoire d'avoir un très bon niveau d'anglais si l'on travaille sur le marché français.

En revanche, il est important d'avoir un niveau d'anglais professionnel si on veut se former en continu par le biais de podcasts, d'articles ou d'influenceurs professionnels, car ils sont majoritairement anglophones, même s'il y en a de plus en plus en France.

DESCRIPTION DU MÉTIER

Quelles sont les 3 principales compétences requises pour ce job ?

1 # La curiosité, parce qu'il faut aimer apprendre et se former aux outils de low-code par exemple. Il faut avoir envie de se confronter aux problématiques de nos clients, de les comprendre et d'y répondre.

2 # L'organisation et la rigueur car on va générer des initiatives avec beaucoup d'interlocuteurs différents.

On va aussi bien coder des modules dans l'app, dans l'outil, et notre travail a beaucoup d'impact visible pour nos clients. Donc, nous n'avons pas le droit à l'erreur.

3 # Des compétences interpersonnelles de leadership, de travail en équipe et de prise d'initiative.

On va collaborer avec pas mal d'interlocuteurs au sein de l'entreprise et on va être moteur sur nos projets pour qu'ils avancent dans la bonne direction.

> « La spécificité du poste de product builder chez Payfit, c'est que nous travaillons avec une plateforme low-code interne qui permet, sans être développeur, de coder les règles métier et les interfaces utilisateurs. »

Salaire

En début de carrière, un product builder gagne entre 40 000 € et 50 000 € brut par an. Il peut passer en quelques années à 50 000 € et gagner 70 000 € en tant que senior.

Les évolutions possibles ? Se spécialiser sur une des thématiques, le design, le développement, l'initiative produit… ou manager des équipes en devenant leader d'une squad de plusieurs product builders.

« Le product builder utilise des outils no-code ou low-code pour gagner en agilité et en vélocité dans la conception des produits. C'est encore neuf, il ne faut pas hésiter à tenter l'aventure. »

Les meilleures ressources

Beaucoup de podcasts permettent de comprendre et de suivre l'évolution des métiers du produit :

- *Product Tribe* de People in Product Community (en anglais).
- *Clef de voûte* : des apprentissages, méthodes, outils et conseils pour décoller en product management.
- *Dans la tête d'un PM*, une newsletter et un podcast.

POUR ALLER PLUS LOIN

Écoutez l'interview intégrale de Nassim Farah :
http://dunod.link/jobdig41

5 # WEB ANALYST OU DIGITAL ANALYST

ANALYSTE DU WEB

Florent Quan,
consultant digital analyst chez Piano Analytics

Léa Cuonzo,
web analyst chez Système U

Comment expliques-tu ton métier de digital analyst à ta mère ?

« Je lui demanderai de s'imaginer être dans un supermarché en train de faire ses courses : de visualiser tout ce qu'elle va faire, l'achat des produits et le temps qu'elle y passe. Mon métier, c'est de savoir tout ça sur Internet ou sur une application mobile, de l'analyser et de faire des recommandations. »

Florent Quan

La web analyse (l'analyse du web) est le processus de suivi et de compréhension de l'utilisation de votre site web ou de votre application mobile par les utilisateurs. Son objectif est d'aider l'entreprise à comprendre son audience afin d'optimiser les performances en ligne et d'améliorer l'expérience client.

Les 3 principales compétences

1 # Avoir un esprit analytique, Il faut être à l'aise avec les chiffres. On utilise Excel au quotidien sur de gros volume de données. Il ne faut pas avoir peur de gérer souvent beaucoup de chiffres.

2 # La rigueur, car on utilise beaucoup d'outils différents avec de nombreuses données. Une erreur peut être fatale dans la prise de décision, donc cela nécessite forcément de la rigueur.

3 # Être force de proposition. Un web analyst mène des analyses sur des points de friction par exemple. Il fait des recommandations et il est important qu'il suive son projet du début jusqu'à la fin, pour qu'il puisse apporter des corrections aux analyses qu'il a effectuées.

Niveau d'anglais

Pour une entreprise française, il n'est pas nécessaire d'avoir un bon niveau d'anglais.

En revanche, pour une entreprise à dimension internationale, l'anglais devient très important. De manière générale, c'est toujours mieux d'avoir un niveau d'anglais professionnel car certains outils d'analyse sont internationaux et les formations à ces outils sont en anglais. Donc il reste important de maîtriser l'anglais pour progresser.

DESCRIPTION DU MÉTIER

Missions

- Le suivi des performances, à l'aide de *dashboards* (« tableaux de bord ») qui permettent de suivre l'évolution de l'audience et des performances d'un site.
- L'analyse du parcours de l'utilisateur sur le site ou sur l'application mobile. L'idée est d'analyser le parcours, les points de friction et faire des recommandations.
- L'AB-testing, qui consiste à comparer deux variations d'une même page et à déterminer laquelle est la plus performante (A ou B). On teste et on modifie jusqu'à obtenir le meilleur produit possible.

> « Le rôle du digital analyst, c'est d'être garant de la donnée et de la transmettre pour ensuite répondre à des objectifs précis »
>
> Florent Quan

Mode de vie

Le métier de web analyst peut se faire à distance. Aujourd'hui, je fais trois jours sur site et deux jours de télétravail par semaine. C'est un bon rythme pour être en contact avec les équipes avec lesquelles je travaille régulièrement.

Salaire

En début de carrière, un web analyst gagne entre 35 000 € et 40 000 € brut par an.

Pour un profil senior, la rémunération se situe plutôt aux alentours de 55 000-65 000 € brut par an. Chez un web analyst expérimenté, elle peut aller jusqu'à 70 000-80 000 € brut par an.

« J'ai trois principales missions en tant que web analyst. La première, c'est le suivi des performances. La deuxième, c'est l'analyse des parcours des utilisateurs sur le site ou sur les applications mobiles. La troisième, c'est toute la partie AB-testing. »

Léa Cuonzo

Les meilleures ressources

Formations

Il n'y a pas de formation idéale. Les entreprises recommandent en général entre un bac + 3 ou un bac + 5. Ce qui va faire la différence, c'est la maîtrise d'outils comme Google Analytics ou Adobe Analytics.

Ressources en ligne

- Des webinaires intéressants chez AB Tasty, https://www.abtasty.com/fr/
- Des livres blancs et des études de cas chez Caméléon, https://cameleon.digital/creation-site-e-commerce/
- Le blog de Neil Patel, le https://neilpatel.com. C'est un blog en anglais assez large sur le digital avec des articles très intéressants sur les tests.

POUR ALLER PLUS LOIN

Écoutez l'interview intégrale de Léa Cuonzo :
http://dunod.link/jobdig42

Écoutez l'interview intégrale de Florent Quan :
http://dunod.link/jobdig43

4
LES CONSEILS DE 10 EXPERTES ET EXPERTS DU RECRUTEMENT ET DU DIGITAL

Les métiers du digital sont en forte croissance et offrent beaucoup d'opportunités de carrière. Que vous soyez à la recherche d'un premier emploi, d'une nouvelle orientation professionnelle ou d'une promotion, ce chapitre vous donnera les clés pour trouver votre prochain job dans le digital.

Nous avons interviewé dix expertes et experts du recrutement et du digital pour partager avec vous leurs conseils. Ils vous aideront à comprendre ces métiers, à vous préparer à ceux du futur, à vous former aux compétences nécessaires, à mettre en avant votre profil LinkedIn, à réseauter, à trouver les meilleures opportunités d'emploi, à réussir vos entretiens de recrutement, bref : à trouver un job dans le digital.

Les métiers du futur

Isabelle Rouhan, présidente et co-fondatrice de l'Observatoire des métiers du futur, vous donnera un aperçu des compétences requises pour se préparer aux métiers qui seront les plus recherchés dans les années à venir.

Les métiers du digital

Hymane Ben Aoun Fleury, présidente d'Aravati, vous aidera à comprendre les métiers du digital et les compétences requises pour chacun d'entre eux.

Trouver un job grâce à LinkedIn

Julien Pibourret, auteur de *La Petite Boîte à outils de LinkedIn* (2e éd., Dunod, 2024), vous expliquera comment utiliser ce réseau social professionnel pour trouver un emploi.

Se former au numérique

Anne-Sophie Le Bras, directrice du programme Google Ateliers numériques, vous guidera pour vous former aux métiers *via* les outils proposés par Google.

S'informer et se former grâce à la Grande École du numérique

Samia Ghozlane, directrice générale de la Grande École du numérique (GEN), vous explique comment trouver la formation qui vous convient parmi les 19 000 indexées par la GEN.

Réussir son entretien de recrutement

Pierre Cannet, PDG de Blue Search Conseil, vous donnera des conseils pour réussir vos entretiens de recrutement dans le secteur du digital.

La marque candidat

Christel de Foucault, conférencière Emploi et marque employeur, vous donne les clés pour créer et développer votre « marque candidat ».

Les métiers de la publicité digitale

Yann Gabay, fondateur et CEO d'Oreegami, vous présentera les métiers de la publicité digitale et les compétences requises notamment pour les métiers du trading.

Les métiers du numérique et l'intelligence artificielle

Milo Rignell, responsable des projets Nouvelles Technologies à l'institut Montaigne, vous expliquera comment l'intelligence artificielle va transformer le monde du travail.

Le marché caché de l'emploi

Hervé Bommelaer, consultant en transition de carrière et expert en networking, vous fera comprendre le marché caché de l'emploi et comment l'utiliser pour optimiser votre recherche de job.

En suivant ces conseils d'experts, vous augmenterez vos chances de trouver un job dans le digital. Alors, qu'attendez-vous pour commencer ?

> **BON À SAVOIR**
>
> Ce format synthétique vous permettra de sélectionner et de découvrir les sujets qui vous intéressent le plus.
> Dans un second temps, vous pourrez compléter ces conseils grâce aux interviews réalisées sur le podcast *Le Gagne-Pain* (vingt minutes par interview).

1 # LES MÉTIERS DU FUTUR

Isabelle Rouhan,
présidente et co-fondatrice de l'Observatoire des métiers du futur, présidente de Colibri Talent

« Apprendre à apprendre : c'est certainement la compétence la plus importante de toutes. La curiosité dans le savoir, c'est elle qui va vous servir tout au long de votre vie professionnelle pour aborder en continu les métiers du futur. »

Chaque année en France, plus de 80 000 postes dans le secteur du digital demeurent vacants en raison d'un déficit de compétence, formant ainsi un vaste réservoir d'opportunités professionnelles. Le digital est par excellence le secteur qui recrute en France, offrant un panorama étendu de possibilités.

La clé de cet océan d'opportunités réside dans la formation et la capacité à s'adapter de manière continue. Les métiers du digital connaissent des mutations constantes, soulignant l'importance non seulement de la formation initiale, mais également de l'habileté à se former en permanence pour rester à la pointe des évolutions de cette industrie.

« Soyez curieux. Vous pouvez faire un Vis Ma Vie pour n'importe quel métier. Il y a peu de gens qui refusent de présenter leur métier ou de présenter leur quotidien. Donc, il suffit souvent d'aller frapper à la porte pour voir comment c'est en vrai. »

OBSOLESCENCE DES COMPÉTENCES TECHNIQUES

Une étude de l'OCDE met l'accent sur l'obsolescence accélérée des compétences techniques. Ces compétences dans les années 1970 avaient une durée de vie de vingt ans. Aujourd'hui, une compétence technique dans le digital a une durée de vie de douze à dix-huit mois. C'est extrêmement court. Cela s'accélère pour tout le monde, que l'on soit en début ou en fin de carrière. Tout le monde est concerné et cela crée un besoin massif de formation tout au long de sa vie professionnelle.

« Si vous êtes en train de vous former, dans 85 % des cas, le métier que vous effectuerez en 2030 n'existe pas encore. Il y a une accélération de la transformation des métiers et du travail qui est phénoménale. »

Les *soft skills* (ou « compétences douces ») sont à privilégier dans vos entretiens : l'agilité, la capacité à travailler en équipe, le leadership, la capacité à porter une idée auprès des autres, ou d'apprendre à apprendre. La curiosité dans le savoir va être utile tout au long de votre vie professionnelle, notamment pour aborder ces métiers du futur.

Ces « compétences douces » ont un gros avantage : elles sont durables et elles progressent tout au long de la vie.

SE FORMER AUX MÉTIERS DU FUTUR

Il est probable que nous changions de métier plusieurs fois au cours de notre vie. Selon Robert Kegan, chercheur à Harvard, le changement de carrière survient en moyenne six fois au cours d'une vie. Cependant, le Forum économique mondial avance une fourchette plus large : entre neuf et dix changements de métier. En réalité, la vérité semble se situer entre ces deux extrêmes, avec une estimation allant de cinq à dix changements de métier au cours de votre parcours professionnel.

DES MÉTIERS DE PLUS EN PLUS AUTOMATISÉS

Ce qui change les métiers, c'est l'automatisation. Aujourd'hui, la moitié des heures travaillées en France est potentiellement automatisable. Mais cela ne veut pas dire que la moitié des emplois vont disparaître. Seuls 5 % des emplois pourraient être totalement automatisés. Et, en revanche, 60 % des emplois vont être partiellement automatisés, ce qui libérera du temps pour se pencher sur la stratégie, l'écoute des clients et les besoins de formation.

« La pandémie de Covid a eu quelque chose de positif dans le monde du travail. Elle a rendu possible le télétravail à très grande échelle pour de très nombreux métiers. »

TÉLÉTRAVAIL, BUREAUX ET TIERS LIEUX

Nous avons effectivement pris goût au télétravail partiel, à avoir une journée chez soi, où l'on peut gérer des sujets de fond sans être interrompu. Pour apprendre à télétravailler, il faut repenser les bureaux. On ne va pas aller au bureau pour faire des réunions en visio avec ses collègues. Le bureau du futur deviendra un espace de travail, de co-création, de collaboration et un lieu de rencontre. On ira au bureau pour se retrouver en équipe ou rencontrer ses clients.

Il y aura aussi un essor des tiers lieux. Ces lieux qui ne sont ni votre bureau ni votre domicile se développent de plus en plus, car ils permettent de travailler dans de bonnes conditions sans trop se déplacer.

« Soyez heureux dans votre métier de demain. Soyez curieux, soyez agile, rencontrez des gens en dehors de votre cercle habituel, en dehors de votre entreprise. Essayez d'avoir un maximum de champ des possibles ouvert, parce que c'est ça qui vous rendra extrêmement employable pour le futur. »

Présentation de l'experte

Isabelle Rouhan est entrepreneuse. Elle est présidente et co-fondatrice de l'Observatoire des métiers du futur. Elle est aussi la créatrice et la présidente de Colibri Talent, un cabinet de recrutement de dirigeants et de conseil en organisation.

Elle a publié *Les Métiers du futur* en 2019 et *Emploi 4.0* en 2021.

Elle prolonge ce travail d'écriture avec le podcast *Les Métiers du futur*.

POUR ALLER PLUS LOIN

Écoutez l'interview d'Isabelle Rouhan :
http:/dunod.link/jobdig44

2 # LES MÉTIERS DU DIGITAL

Hymane Ben Aoun Fleury,
présidente d'Aravati, un cabinet de conseil en RH spécialisé dans les managers digitaux

« Le secteur du digital est très vaste. C'est à la fois construire des plateformes avec des métiers liés au développement web, les métiers de la communication digitale, du marketing, de la relation client, de l'animation de communautés sur les réseaux sociaux, la gestion de la data. Il y a énormément de métiers différents dans le digital. »

IL FAUT ÊTRE CURIEUX

Une caractéristique distinctive de l'univers digital réside incontestablement dans son dynamisme. Les professions du digital exigent une volonté constante d'apprendre et de se réinventer en permanence. Commencer une carrière dans le digital requiert avant tout une conviction profonde que la curiosité constitue la qualité première, un élément inscrit dans son ADN.

Une autre dimension cruciale dans le digital concerne la veille constante sur ses expertises métiers. L'observation des évolutions du marché et des tendances dans la thématique de travail s'avère indispensable. Sans mise à jour régulière, l'employabilité peut être éphémère, risquant de vous rendre obsolète, comme un vieil iPhone.

Il faut se « mettre à jour » tout le temps. Apprendre, c'est une chose, mais il faut également tester, innover, aller chercher les innovations, regarder ce qui se passe sur le marché. Se déplacer pour aller sur des événements, sur des salons, écouter, regarder ce que font ses pairs, c'est vraiment très important. Cela fait partie du métier.

« On aurait gagné sept ans : la crise liée à la pandémie de Covid-19 a engendré une accélération dans la transformation digitale des entreprises. La crise a suscité une prise de conscience significative, offrant une multitude d'opportunités pour la digitalisation des entreprises. »

CV ET PROFIL LINKEDIN

En tant que recruteuse, j'apprécie les CV où les candidats expriment leur désir de rejoindre une entreprise pour occuper un poste spécifique, en expliquant les raisons pour lesquelles ils sont la personne idéale pour ce travail. Cette motivation est souvent absente des CV, alors que c'est l'une des clés du succès dans le processus de recrutement.

> « Sur son profil LinkedIn, on peut dire beaucoup de choses, mais dans un CV, on peut tout dire. »

LinkedIn, c'est un vivier de talents et de candidats pour les recruteurs. C'est un des endroits où on peut identifier des candidats qui ont une compétence qui nous intéresse. C'est une grosse base de données de candidats. Mais LinkedIn, c'est public, rien n'est confidentiel. C'est la différence la plus importante entre un profil LinkedIn et un CV.

Le CV, au contraire, est un document confidentiel. On peut y mettre des informations qui n'ont pas vocation à être diffusées à tout le monde. Vous pouvez détailler les performances de vos campagnes, vos coûts d'acquisition ou les résultats de votre dernière campagne sur Instagram, par exemple.

> « Il ne faut surtout pas croire que le digital, ce n'est qu'Instagram ou TikTok. Le digital est présent dans tous les métiers, dans toutes les entreprises, des start-up aux grandes entreprises, qui ont toutes des départements digitaux qui recrutent. »

CONSTRUIRE SA CARRIÈRE DANS LE DIGITAL

Une carrière se construit, il faut être cohérent dans ses choix. Il est intéressant, même en début de carrière, d'essayer d'imaginer une trajectoire, à moyen et à long terme. Ce que vous semez aujourd'hui, c'est ce que vous récolterez dans trois ou cinq ans.

On a le droit de bifurquer et on voit énormément de gens qui le font. En revanche, il faut essayer dans la mesure du possible de construire une trajectoire, de se positionner sur ce qu'on aime, ce qu'on a envie de faire, avec quel type de personnes et à quel rythme (car le rythme n'est pas le même dans une start-up, dans une PME ou dans un grand groupe).

« Travailler dans un environnement digital abolit les frontières, il faut se préparer à parler d'autres langues, s'intéresser à ce qui se passe aux États-Unis ou en Asie. Si on a envie de faire une carrière dans le digital, il faut faire preuve de curiosité en s'intéressant à d'autres choses que celles que l'on a sous les yeux en permanence. »

OSER

Vous avez envie de découvrir un métier ? Identifiez sur LinkedIn des professionnels qui l'exercent, contactez-les. Demandez-leur de vous aider à comprendre ce métier. C'est la meilleure des stratégies pour obtenir la bonne information. Je pense que, à l'ère des réseaux sociaux, il est facile de contacter des professionnels et d'échanger avec eux. Faites-vous votre opinion en allant à la source, en allant vers ceux qui font ce métier.

CHANGEMENTS EN COURS

Le télétravail va se pérenniser. Le sujet, c'est comment on collabore. On ne travaille pas de la même manière quand on vient au bureau. Évidemment, il y a des missions ou des sujets sur lesquels on doit travailler en équipe, délivrer des choses en groupe, et c'est bien de venir au bureau dans ces cas-là. Mais venir au bureau pour faire des entretiens à distance toute la journée, cela ne sert à rien. On doit adapter le lieu à la mission. Le premier grand changement, c'est le bureau et l'organisation du travail.

Le deuxième changement, c'est la rapidité avec laquelle on a repris la transformation des entreprises. Les entreprises se sont aperçues qu'elles ne savaient pas parler à leurs clients sans les voir. Dans les points de vente, par exemple, on n'avait pas de relation digitale avec les consommateurs, pas de base de données clients. On s'est aperçu qu'on ne savait pas livrer beaucoup de monde en même temps.

Enfin, plus de 80 000 postes sont non pourvus dans le digital. Il y a plus de postes ouverts que de candidats en demande. C'est le candidat qui reprend la main et qui peut choisir le poste ou l'entreprise. Les entreprises doivent faire preuve de plus de souplesse et d'adaptabilité. Elles ont plus de mal à recruter sur certains postes.

Présentation de l'experte

Hymane Ben Aoun Fleury est la présidente d'Aravati, un cabinet de conseil en RH spécialisé dans les managers digitaux.
Elle est également présidente de Syntec Recrutement et directrice générale de Teaminside, spécialiste des métiers du digital. Teaminside est un groupe de 500 consultants avec plusieurs marques comme Aravati ou La Relève.

POUR ALLER PLUS LOIN

Écoutez l'interview d'Hymane Ben Aoun Fleury :
http://dunod.link/jobdig45

3 # TROUVER UN JOB GRÂCE À LINKEDIN

Julien Pibourret,
auteur de* La Petite Boîte à outils de LinkedIn *chez Dunod

« Afin d'optimiser son profil sur LinkedIn, je recommande de travailler en trois étapes pour réussir. Premièrement, il faut un bon titre, une photo professionnelle et une bannière personnalisée. C'est la première chose que va voir le recruteur : sa première impression. »

PREMIER RÉSEAU SOCIAL PROFESSIONNEL

LinkedIn est le premier réseau social professionnel mondial. Avec 28 millions de comptes en France, il s'impose comme une étape incontournable pour bâtir un réseau d'opportunités professionnelles.

Ce réseau est constitué de professionnels âgés majoritairement de trente à cinquante ans, détenant un pouvoir professionnel important. Les membres de ce réseau jouent un rôle actif dans le recrutement et la recherche de collaborateurs. Leur présence sur LinkedIn est motivée par le désir de développer leur carrière, d'établir des relations professionnelles significatives, ainsi que de proposer ou de répondre à des opportunités professionnelles. LinkedIn se profile ainsi comme la plateforme centrale où s'élaborent des connexions pour son avancement professionnel.

« La notion de référencement est cruciale pour garantir la visibilité de son profil LinkedIn, dans les recherches des recruteurs grâce aux algorithmes des moteurs de recherche. Il est impératif de sélectionner avec soin les mots-clés alignés sur les métiers que l'on vise afin d'optimiser son profil. »

CRÉER SON PROFIL LINKEDIN

La première étape concerne le titre de votre profil, la photo qui doit être professionnelle et la bannière, que l'on appelle également la photo d'arrière-plan.

La deuxième étape concerne la sélection du contenu de votre profil, votre CV en ligne. Il faut indiquer vos formations, votre parcours scolaire et vos expériences professionnelles de façon détaillée. Il faut donner des informations sur ce que vous savez faire et montrer des choses que vous avez déjà faites : un portfolio, des réalisations en entreprise ou pendant vos études. N'hésitez pas à utiliser tous les formats à votre disposition sur LinkedIn : texte, documents, photos et vidéos.

La troisième étape, ce sont les recommandations. Il faut insister sur la recommandation des compétences proposées par LinkedIn, mais également demander les témoignages décrivant une de vos expériences professionnelles, votre implication dans une association ou un engagement dans un club sportif.

Il est important de commencer très tôt à construire votre profil LinkedIn, y compris pendant vos études, notamment au moment de vos premiers stages. Vous pouvez décrire dans votre formation les cours importants, les projets avec des entreprises, les études de cas réalisées, les activités associatives ou sportives, les petits boulots, les jobs d'été.

> « Il est essentiel de dépasser l'usage basique de LinkedIn qui se limite à ajouter des contacts connus. Cette première étape est cruciale, et il est primordial de la mener avec soin en incluant la famille, les amis, les proches, les camarades de classe, et les intervenants en cours, mais ce n'est pas suffisant. »

DÉVELOPPER SON RÉSEAU PROFESSIONNEL

Pour développer votre réseau LinkedIn, il ne faut pas vous limiter aux gens que vous connaissez déjà. Ce n'est que la première phase de la construction de ce réseau.

La deuxième phase consiste à élargir ce réseau en identifiant délibérément des personnes que vous souhaitez atteindre, en choisissant deux catégories de cibles qui devraient être prioritaires. La première concerne les recruteurs, tandis que la seconde s'adresse aux décideurs et aux responsables au sein des entreprises qui suscitent votre intérêt.

Quand on manque d'expérience au début, il faut commencer à construire son réseau et surtout ne pas avoir peur d'entrer en relation avec des professionnels. C'est la plus grande opportunité de LinkedIn, un incroyable point d'entrée avec le monde professionnel, un moteur de recherche de contacts, d'opportunités et de job.

> « Je recommande d'aller chercher au moins 500 relations dans son réseau professionnel. À partir de là, on peut construire de véritables opportunités. »

Dans la pratique, optez systématiquement pour l'envoi d'une invitation accompagnée d'un bref message explicatif. C'est le point de départ d'une relation, une manière d'amorcer la conversation. De la même manière qu'on ne pénètre pas dans un bureau sans frapper à la porte, c'est une démarche similaire sur LinkedIn. On frappe à la porte, on salue, même si on ne se connaît pas encore, et on exprime le désir d'une rencontre pour une raison spécifique. C'est une approche respectueuse qui ouvre la voie à une nouvelle interaction.

PUBLIER SUR LINKEDIN

Publier, c'est être vu, c'est être identifié, c'est être visible de son réseau. C'est un avantage compétitif incroyable. On peut envisager deux méthodologies distinctes. La première met l'accent sur la reprise du contenu élaboré par d'autres, tandis que la seconde adopte une approche plus personnelle.

La première méthode consiste à sélectionner des articles publiés par d'autres et à les réinterpréter à sa manière. C'est une approche initiale que l'on peut adopter pour commencer.

> « Admettons que je sois passionné par la data, je vais republier un article par semaine sur mon profil LinkedIn. Ça va intéresser d'autres personnes, améliorer le référencement de mon profil et, petit à petit, m'apporter de nouvelles opportunités. »

Pour générer du contenu original, essayez d'identifier dans votre routine quotidienne les éléments qui peuvent en être extraits. Par exemple, à la suite d'une formation, d'un atelier ou d'une conférence, partagez ce que vous avez appris. Lorsque vous diffusez ce contenu, veillez à le faire en tenant compte de votre audience.

Le contenu peut revêtir diverses formes, que ce soit sous la forme de texte, de photographies, de documents ou de vidéos. Toutes ces formes de contenu sont accessibles et pertinentes sur LinkedIn.

Les publications sont un moyen efficace d'accroître votre visibilité, permettant ainsi d'entrer en contact avec de nouvelles personnes, qu'il s'agisse de décideurs ou de recruteurs. LinkedIn devient ainsi un point de contact additionnel pour faire de nouvelles rencontres en lien avec votre activité.

Présentation de l'expert

Julien Pibourret est l'auteur de *La Petite Boîte à outils de LinkedIn* chez Dunod (2021).
Social Selling spécialiste et formateur sur les réseaux sociaux et le web marketing, il exerce d'autres activités dans le domaine de la communication (agence digitale Slashboom) et les actifs digitaux, *blockchain* (Ebw3nt France).

POUR ALLER PLUS LOIN

Écoutez l'interview de Julien Pibourret :
http://dunod.link/jobdig46

4 # S'INFORMER ET SE FORMER GRÂCE À LA GRANDE ÉCOLE DU NUMÉRIQUE

Samia Ghozlane,
directrice générale de la Grande École du numérique (GEN)

« Pour trouver sa formation, il n'y a qu'un seul point d'entrée : le portail d'orientation aux métiers du numérique de la GEN. Il y a un moteur de recherche qui recense 19 000 formations. On peut chercher par famille de métiers, par métier, par région, par modalité de formation. »

LA GRANDE ÉCOLE DU NUMÉRIQUE

Contrairement à ce que son nom pourrait laisser croire, la GEN n'est pas une grande école, mais initialement un réseau de formations numériques inclusives. L'initiative avait été lancée par le gouvernement français en 2015 avec l'ambition de former des personnes peu ou pas qualifiées ou en recherche d'emploi, des personnes résidant dans les quartiers prioritaires de la ville (QPV) et des femmes, sous-représentées dans le secteur, à des métiers numériques répondant aux besoins des entreprises.

Aujourd'hui, la GEN porte trois missions phares :

- faire connaître l'offre de formation aux métiers du numérique au plus grand nombre *via* le site Internet de la GEN ;
- augmenter l'impact des formations au numérique inclusives *via* son réseau de formations labellisées GEN ;
- contribuer à l'évolution de l'offre de formation pour mieux répondre aux besoins *via* un outil d'analyse performant, GEN_SCAN.

COMMENT ÇA MARCHE ?

Le label GEN est octroyé aux formations numériques inclusives et ouvertes à tous, sans distinction académique, économique ou sociale. Derrière ce label, il y a des critères d'éligibilité et de sélection pour démontrer la qualité de la formation, son approche pédagogique innovante et engageante, l'accompagnement social et l'aide à l'insertion professionnelle *via* des stages, des projets professionnels avec les entreprises.

Ainsi, chaque session de formation labellisée intègre au minimum dix personnes du public cible de la GEN (personnes peu qualifiées, en recherche d'emploi, résidant dans les QPV, femmes) et cela sans reste à charge pour elles.

EXEMPLES DE FORMATIONS LABELLISÉES GEN

Simplon ou l'école 42 parce que ce sont des premières formations labellisées, la 3W Academy, Le Wagon, Social Builder, Konexio, Oreegami, Onlineformapro, Rocket School, Holberton School, Web@cademie...

Aujourd'hui, le réseau GEN compte près de 300 formations labellisées en métropole et dans les territoires ultramarins. Sur le portail de la GEN, le moteur de recherche permet de trouver spécifiquement une formation labellisée parmi les 19 000 formations numériques référencées.

Tes conseils pour se former au numérique ?

« Dans le secteur numérique, on est en apprentissage perpétuel, on est un apprenant à vie, les outils proposés sur le site de la GEN permettent de trouver la bonne formation, quel que soit son parcours antérieur ou son expérience professionnelle. »

DES MÉTIERS TOUJOURS EN TENSION

La GEN a mis en place un outil d'analyse performant : GEN_SCAN. C'est à la fois un observatoire de l'offre de formation et des besoins de compétences des entreprises avec une cartographie des métiers numériques, où l'on retrouve six familles de métiers : développement, sécurité/réseau/cloud, data/IA/IoT, gestion/pilotage, communication digitale/marketing/e-commerce et interface/graphisme/design. Certains de ces métiers sont en tension avec une forte demande des entreprises qui ne trouvent pas de candidats. Ainsi, un indice de tension est mis à jour chaque mois avec un rapport édité deux fois par an, disponible sur le site de la GEN.

TRAVAILLER SON RÉSEAU POUR TROUVER UN JOB

Quand on dit travailler son réseau, on pense à LinkedIn parce que c'est le réseau professionnel le plus important. L'interaction avec son réseau signifie que l'on écoute et que l'on réagit à ce que dit l'autre, par exemple, en commentant ou *via* un post de quelques lignes pour relayer un article lu et partager son avis ou analyse ; en taguant (identifiant) des personnes et indiquant : « Tiens, ça m'a fait penser à toi… » Ces interactions entretiennent les liens professionnels, valorisent notre expertise et nous rendent plus visibles, et évidemment elles facilitent d'éventuelles opportunités professionnelles.

Il est important, dans le numérique, de mettre en avant ces projets ou ses réalisations *via* un portfolio, des badges ou des certifications professionnelles. Ces éléments vont permettre d'être distingué à la fois par son réseau et par les recruteurs.

> « Je reçois parfois des demandes sur LinkedIn que je suis prête à accepter, mais je suis toujours surprise que la personne ne fasse pas l'effort de rédiger un mot d'introduction alors qu'elle ne me connaît pas. »

LES FEMMES ET LE NUMÉRIQUE

Un sujet cher à notre cœur ! Avec la Grande École du numérique, on a un objectif de former 30 % de femmes dans notre réseau de formation que l'on n'a pas encore atteint (fin 2023, on est à 26 % de femmes). Pourtant, on a mené beaucoup d'actions auprès des femmes. Ainsi, la GEN propose le podcast *Les filles s'en mêlent : regards croisés sur les femmes qui font la tech*, le MOOC *Propulser les femmes dans le numérique* et un podcast avec L'ADN et Social Builder, qui présente les témoignages de femmes qui travaillent dans le secteur du numérique.

Nous lançons un appel à toutes les jeunes filles et les jeunes femmes, et même les plus âgées, qui peuvent se former par le biais de la reconversion : regardez le secteur numérique comme une opportunité professionnelle incroyable, il serait dommage que vous vous en priviez ! Les femmes ont un rôle à jouer dans ce secteur qui a besoin de plus de mixité et de diversité.

« Tout le monde parle de l'intelligence artificielle, mais si elle est le fait uniquement d'hommes, comme c'est le cas aujourd'hui dans 90 % des cas alors que l'humanité compte plus de 50 % de femmes, on aura alors un monde borgne et totalement biaisé. »

Présentation de l'experte

Samia Ghozlane est directrice générale, depuis fin 2016, de la Grande École du numérique, accélérateur de talents numériques qui, en œuvrant à pallier la pénurie de talents dans la tech, permet aux entreprises françaises de conserver leur compétitivité. Elle est aussi présidente de Cyberelles, un business club qui a pour objet le soutien et l'aide au développement des femmes travaillant dans le digital.

POUR ALLER PLUS LOIN

Écoutez l'interview de Samia Ghozlane :
http://dunod.link/jobdig47

5 # SE FORMER AU NUMÉRIQUE AVEC GOOGLE

Anne-Sophie Le Bras,
directrice du programme Google Ateliers Numériques de 2019 à 2023.

« Depuis la création du programme Google Ateliers Numériques, nous avons accompagné et formé, sans frais pour les participants, plus de 800 000 Français aux outils du numérique. Ces formations sont disponibles à la fois en ligne et en présentiel. On croit beaucoup dans l'interaction humaine pour ces formations. C'est pour cela que l'on se déplace chaque année dans plus de 200 villes en France. »

PROGRAMME GOOGLE ATELIERS NUMÉRIQUES

C'est un programme de formation et d'accompagnement aux outils du numérique. Il a été lancé en France en 2012 à Marseille. L'objectif, c'est de répondre aux questions sur les outils du numérique, que vous soyez étudiant, demandeur d'emploi, commerçant, artisan, ou juste curieux.

Vous pouvez bénéficier d'une formation en présentiel avec les coachs. Nous avons également une hotline dédiée que l'on peut appeler pour avoir des conseils.

Le programme a évolué au cours des années, on a testé plein de formats différents pour être le plus pertinents et le plus adaptés.

En 2020, nous avons constaté la nécessité d'être présents dans des villes plus rurales et éloignées, où l'accompagnement est aussi important. C'est ainsi que nous avons introduit les Vans Google Ateliers Numériques, des vans Citroën arborant les couleurs distinctives des Ateliers Numériques. Ces vans serviront de points mobiles où nos coachs dispenseront des formations à des publics diversifiés dans de nombreuses villes de France. Ces véhicules ont le mérite d'attirer l'attention, de susciter la curiosité et d'inviter le public à participer.

> « Ne vous laissez pas effrayer par les acronymes, les anglicismes ou les dénominations obscures que l'on trouve dans les métiers du digital. En réalité, il y a beaucoup de ressources en ligne qui permettent de comprendre les métiers de SEO Manager, d'UX Designer ou de Traffic Manager, par exemple. »

FORMATIONS EN LIGNE

Il existe plusieurs méthodes de formation en ligne avec les Ateliers Numériques. Vous pouvez suivre des webinaires en direct dispensés par nos coachs sur notre chaîne YouTube, en plus des nombreux replays disponibles. À chaque session, un coach répond également aux questions dans le chat. L'objectif est de garantir une expérience interactive et humaine, même en mode distanciel, afin de fournir des réponses aux questions concrètes que vous vous posez.

On peut aller se former par soi-même *via* des MOOC (Massive Open Online Course ou « cours en ligne ouvert et massif »). Il y a une quarantaine de cours qui vont constituer une petite centaine d'heures et qui vont permettre à la fin de passer des certifications, notamment : « Les principes fondamentaux du marketing digital », une certification reconnue par la profession et l'IAB (Internet Advertising Bureau).

> « Soyeux curieux. Autour de Google Ateliers Numériques, il y a plein d'organismes de formations, d'aides qui permettent d'aller vers ces métiers si on n'a pas encore toutes les compétences. Il y a un nombre incroyable d'associations comme Diversidays, Mavoie.org ou Inco Academy. On travaille avec pas mal d'entre elles, il ne faut pas hésiter pas à prendre contact, elles sont là pour vous aider. »

POUR TROUVER UN JOB

Récemment, Google a décidé de s'attaquer au sujet de la pénurie de talents dans les métiers du numérique. Et on s'est dit qu'on pouvait aider à pallier les difficultés de recrutement. C'est pour cela que l'année dernière, le programme Google Career Certificates a été lancé.

Concrètement, plusieurs formations permettent de se former 100 % en ligne : UX Designer, Manager de projet, Support informatique, Analyste de données et, plus récemment, sur les métiers de la cybersécurité.

Quand on a lancé ce programme, on a annoncé la distribution de 10 000 licences gratuites avec nos partenaires associatifs ou institutionnels comme France Travail. Pour proposer ces formations à des publics qu'on voit trop peu dans ces métiers, les femmes, les jeunes issus des quartiers prioritaires de la ville, les personnes en reconversion...

QUI PARTICIPE AUX FORMATIONS ?

Il y a des professionnels, des patrons ou des employés de TPE & PME, mais aussi des demandeurs d'emploi, des étudiants, des parents ou parfois simplement des curieux. Par exemple, dans les TPE & PME, beaucoup de commerçants, d'artisans ou d'indépendants se demandent comment être visibles en ligne, comment marche une communauté, comment vendre en ligne, comment faire pour se lancer sur les réseaux sociaux...

Nous abordons également des aspects liés aux compétences interpersonnelles, avec une formation particulièrement efficace intitulée « Je suis remarquable, apprenez à le dire ». Cette formation vise à améliorer la capacité des individus à se vendre et à mettre en avant leurs compétences de manière plus affirmée.

> « Un conseil pour les femmes : Il y a plein d'idées préconçues autour des métiers du digital et on trouve encore trop peu de femmes dans ces métiers. Quand on pose la question aux collégiens et aux lycéens, ils sont 30 % à se projeter sur les métiers du digital. Quand on pose la même question aux collégiennes et aux lycéennes, elles ne sont plus que 7 %. N'ayez pas peur, il y a de la place pour vous dans ces métiers. »

TÉMOIGNAGE

Ces dernières années, nous avons eu la chance de vivre de nombreuses « belles histoires », avec des individus ayant suivi les formations des Google Ateliers Numériques et pour qui cela a constitué un véritable déclic. Par exemple Virgile, un jeune homme de vingt ans qui a repris la menuiserie familiale dans les Vosges. Conscient de l'importance d'intégrer une dimension digitale à son offre de services, il a lancé un site Internet et sollicité l'aide de Chloé, une coach basée à Nancy, pour des accompagnements personnalisés.

Virgile partage son expérience : « J'ai lancé le site e-commerce et en quelques semaines seulement, j'ai constaté une augmentation significative des revenus. Cela m'a permis d'embaucher deux personnes supplémentaires et d'acquérir une nouvelle machine. Honnêtement, je ne sais même pas comment nous faisions avant. »

Présentation de l'experte

Anne-Sophie Le Bras a dirigé le programme Google Ateliers Numériques Ateliers pour la France de 2019 à 2023. Son rôle consistait à coordonner ce programme, avec des équipes réparties partout en France. Des responsables régionaux, des coachs, ceux qui vont délivrer les formations. Il y a environ une quarantaine de personnes partout sur le territoire, qui sillonnent la France.

Ce programme ne serait rien sans les 400 partenaires répartis partout en France avec lesquels le programme Google Ateliers Numériques travaille tous les jours : France Travail, les missions locales, des chambres de commerce et d'industrie (CCI), des écoles...

POUR ALLER PLUS LOIN

Écoutez l'interview d'Anne-Sophie Le Bras : http://dunod.link/jobdig48

6 # RÉUSSIR SON ENTRETIEN DE RECRUTEMENT

Pierre Cannet,
PDG de Blue Search Conseil

« Selon moi, la clé de la réussite est la préparation de l'entretien. Nous constatons que 70 % des candidats n'ont pas fait ce travail de préparation. L'objectif du candidat lorsqu'il rencontre un recruteur est d'exprimer sa motivation à le rejoindre et de démontrer qu'il n'assiste pas à cet entretien par hasard. Il se présente face au recruteur, car il porte de l'intérêt à l'entreprise. »

La réussite de l'entretien de recrutement repose sur une préparation minutieuse. Il est crucial d'éviter l'improvisation totale lors de cet échange. La préparation permet au candidat de maîtriser deux aspects essentiels :

- la connaissance des informations relatives à son interlocuteur et à l'entreprise qui recrute : cela englobe une compréhension approfondie de l'historique, des missions, des objectifs et de l'actualité de l'entreprise. Ces informations peuvent être collectées à partir de diverses sources telles que les profils LinkedIn, le site corporate, ainsi que des interviews et des articles disponibles en ligne. La motivation du candidat est renforcée par des connaissances spécifiques et précises ;
- la maîtrise de son parcours professionnel : le candidat doit être en mesure de présenter son parcours de manière fluide, évitant l'impression de réciter simplement des informations. Il doit clairement exposer sa formation, ses stages et ses premières expériences. La présentation de son profil ne doit pas donner l'impression d'un simple récit, même s'il maîtrise parfaitement les éléments de son parcours. Une approche naturelle dans la présentation renforce la crédibilité du candidat.

COMBIEN D'ENTRETIENS DE RECRUTEMENT DOIT-ON EFFECTUER POUR UN POSTE ?

Vous pouvez rencontrer quatre personnes au minimum et jusqu'à une dizaine au maximum dans votre processus de recrutement. Il est essentiel de considérer le processus de recrutement non comme un sprint mené par le candidat, mais plutôt comme une « course d'obstacles ». D'autant plus que les entretiens groupés et à distance sont de plus en plus favorisés de nos jours.

QUELLE EST LA SPÉCIFICITÉ D'UN ENTRETIEN MENÉ À DISTANCE ?

La digitalisation des interactions offre aux candidats la possibilité de participer à des entretiens à distance. Les échanges à distance suppriment des éléments propres à l'interaction humaine utiles au recruteur :

- Les signaux faibles sont quasiment absents des entretiens à distance. Contrairement à un entretien dans les locaux d'entreprise, la posture, la démarche, la poignée de main... tous ces signaux qui peuvent être extrêmement intéressants pour le recruteur, disparaissent. Il n'y a plus de « chemins de traverse ».
- Les entretiens à distance ne laissent entrevoir que le visage, la voix et le décor ou le fond virtuel. De plus, ces entretiens sont plus courts que ceux menés physiquement et durent en moyenne de quinze à vingt minutes.
- Le degré de concentration de l'interlocuteur est plus faible. Pendant l'entretien, le recruteur peut être exposé à des sollicitations extérieures, déconcentré par une personne qui entre dans son bureau, par un mail, un SMS ou un appel téléphonique important.
- Les réponses doivent être plus synthétiques et il faut peut-être que vous puissiez répéter les idées importantes, un peu plus qu'en entretien de recrutement en face à face où le degré de concentration de l'interlocuteur est beaucoup plus élevé.

> « Dans le contexte d'un entretien en visioconférence, la communication du candidat repose à hauteur de 80 % sur sa voix, tandis que les éléments visuels, tels que l'écran et l'image qu'il renvoie, ne contribuent qu'à 20 %. Il est essentiel pour le candidat d'accorder une attention particulière à la qualité de sa voix et à la puissance des messages qu'il transmet, lesquels doivent être plus percutants que dans le cadre d'un entretien physique au sein des locaux de l'entreprise. »

PRENDRE DES NOTES PENDANT UN ENTRETIEN DE RECRUTEMENT

C'est presque indispensable. Un recruteur peut être surpris de voir que vous ne prenez pas de notes lors d'un entretien. Cette prise de notes permet au candidat d'éviter de poser des questions déjà posées lors des entretiens précédents et au recruteur de se répéter.

RÉUSSIR SON ENTRETIEN AVEC LES RH OU AVEC UN RECRUTEUR

Les responsables des ressources humaines (RH) en entreprise ou les recruteurs en cabinet sont experts en entretien. L'entretien RH est plus standardisé, rétrospectif et peut-être un peu moins convivial que celui effectué avec un dirigeant d'entreprise. Lors de l'entretien RH, vous serez davantage confronté à des questions concernant votre passé, vos expériences hors du cadre professionnel comme vos voyages, vos passions, vos centres d'intérêt.

L'entretien avec un dirigeant d'entreprise sera plus projectif et sera l'occasion d'imaginer vos premiers jours au sein de l'entreprise, vos ambitions quant à vos responsabilités.

Quels seraient vos conseils pour trouver un job dans le digital ?

« Mon premier conseil aux candidats est de ne pas oublier de soumettre des candidatures spontanées. La réponse à des annonces d'emploi vous expose à une concurrence rude et l'envoi d'une candidature spontanée, qui traduit votre motivation à rejoindre l'entreprise, offre un taux de réponse beaucoup plus élevé.

Deuxième conseil : développez votre culture économique, digitale et technologique, adaptée au métier que vous visez. Je vous recommande vivement de lire, de suivre des newsletters et de vous abonner à des journaux en ligne. Assimiler ces connaissances fera toute la différence lors d'un entretien de recrutement, vous permettant de mieux vous projeter dans le poste. En effet, la réussite d'un entretien de recrutement repose souvent sur la capacité à se projeter. »

SPÉCIFICITÉS D'UN ENTRETIEN AVEC UNE START-UP OU UNE « JEUNE POUSSE »

Elles sont au nombre de trois :

- La convivialité : le tutoiement s'instaure très rapidement, les salariés s'appellent par leur prénom, les différences d'âge entre le dirigeant et le candidat sont moins importantes que celles qui peuvent exister dans une PME ou une grande entreprise. Toutefois, il faut savoir jongler entre le tutoiement et le caractère conventionnel.
- La projection : le dirigeant est susceptible de vous poser moins de questions sur votre formation et plutôt sur votre capacité à vous projeter au sein de l'entreprise. L'entretien est l'occasion, pour lui, d'aborder votre futur, et non votre passé. Au sein d'une start-up, aujourd'hui c'est déjà demain. Quel est votre projet au sein de l'entreprise ?
- L'exhaustivité : l'entretien offre l'opportunité de rencontrer pratiquement tous les employés. Il est important de noter que le processus de recrutement dans les start-up est généralement plus étendu que celui des grandes entreprises.

Cette approche exhaustive et orientée vers l'avenir se manifeste à travers la mise en place d'études de cas au cours des entretiens. Ces exercices offrent une opportunité unique de vous engager activement et d'explorer la dynamique interne de l'entreprise.

AVEC UNE START-UP, FAUT-IL ENCORE PLUS COMPRENDRE L'ENTREPRISE ET CONNAÎTRE LE PARCOURS DU DIRIGEANT ?

La connaissance de l'entreprise et du parcours du dirigeant vous offre un avantage face aux concurrents et vous permet d'apporter des réponses précises aux questions suivantes : « Si vous nous rejoignez, qu'entreprendrez-vous au cours du premier mois ? Que planifiez-vous pour la première année ? Quels partenariats envisagez-vous d'établir, et avec quels prestataires souhaitez-vous collaborer ? »

Cette connaissance approfondie de l'entreprise vous permettra d'éviter de formuler des réponses déconnectées de la réalité et des perspectives de votre collaboration avec la start-up.

Présentation de l'expert

Pierre Cannet est le PDG de Blue Search Conseil, un cabinet de conseil en ressources humaines et en recrutement dédié aux métiers du digital.
« J'ai créé Blue Search il y a bientôt vingt-cinq ans, avec la conviction qu'une transformation digitale se préparait et engendrerait la création de nouveaux métiers. J'emploie une quinzaine de personnes qui sont chargées de recrutement, consultants juniors, consultants seniors. Je suis le “chef d'orchestre” pour manager les équipes et prendre en charge un certain nombre de recrutements directement. Le domaine de prédilection de notre cabinet est le digital. »

POUR ALLER PLUS LOIN

Écoutez l'interview de Pierre Cannet :
http://dunod.link/jobdig49

7 # LA MARQUE CANDIDAT

Christel de Foucault,
conférencière Emploi et marque employeur

« Le premier conseil, qui que vous soyez et à quelque endroit que vous soyez dans vos études ou dans votre parcours professionnel, dites-vous que vous avez de la valeur. Il faut partir en étant confiant. Attention de ne pas vous positionner en inférieur par rapport aux recruteurs. »

La marque employeur, c'est l'image d'une entreprise auprès de son marché. Non plus au travers de ses produits ou de ses services, mais au travers des femmes et des hommes qu'elle va attirer, recruter, intégrer, fidéliser, faire évoluer et dont elle va faire des ambassadeurs.

Toutes ces personnes peuvent faire rayonner la marque de leur entreprise, leur employeur, notamment sur les réseaux sociaux.

« Avec la mise en place par les entreprises du concept de marque employeur, je me suis dit qu'il n'y avait pas de raison qu'il n'y ait pas de marque candidat. D'autant plus que l'on parle de plus en plus de l'expérience du collaborateur et du trouveur d'emploi. »

La marque candidat, comparable à la marque employeur, requiert que chaque candidat se présente et rayonne. Les réseaux sociaux sont le meilleur moyen d'accomplir cette démarche. Chaque candidat ou étudiant en quête d'un stage ou d'un emploi incarne sa propre marque, offrant ainsi une opportunité de valorisation de sa marque personnelle (*personal branding*).

Les réseaux sociaux équilibrent les forces avec le recruteur en permettant de présenter sa marque candidat, de dévoiler son identité. Bien entendu, d'autres méthodes sont également efficaces, telles que le CV, la participation à des salons ou des forums d'emploi, ainsi que les rencontres avec les recruteurs lors d'entretiens, que ce soit en personne ou en visio (entretien à distance).

CONSTRUIRE SA MARQUE CANDIDAT

La construction de la marque candidat dépendra du projet individuel de chacun. Il est essentiel de se questionner sur plusieurs aspects : quel est mon projet ? Vers quel type d'entreprise je souhaite m'orienter ? Quel avenir professionnel j'envisage ? Comment je désire me positionner ?

Une introspection personnelle s'impose. Qui suis-je réellement ? Suis-je quelqu'un qui apprécie l'écriture ? Ou bien suis-je plus à l'aise en vidéo, ou encore avec les outils digitaux pour créer des visuels attrayants ? Il n'y a pas de méthode unique pour faire rayonner sa marque candidat. Celle-ci doit s'adapter à chaque individu et à chaque projet professionnel spécifique. Il est primordial que cela corresponde à son projet professionnel, aux valeurs et compétences personnelles.

MARQUE CANDIDAT ET DIGITAL

La marque candidat naît et vit sur les réseaux, publier, liker et commenter. C'est un premier axe, entrer en contact et créer son réseau. Parce que, finalement, un réseau comme LinkedIn, c'est un moyen. Ce n'est pas une finalité, c'est le moyen de rencontrer des gens. Et ce qui va être important, c'est de créer son réseau humain.

> « En commentant une publication sur LinkedIn, on peut entrer en contact avec celui qui l'a écrite, lui dire qu'on a trouvé sa publication intéressante. Ce n'est que dans un deuxième temps qu'on pourra dire qu'on recherche un stage, un job et lui demander des conseils. Sa marque candidat, il faut la construire dans le temps et être patient. »

DEVENIR AMBASSADEUR DE SON ENTREPRISE

Une entreprise, pour faire rayonner sa marque employeur, a besoin de collaborateurs ayant une marque candidat assez forte. On parle de programmes d'ambassadeurs dans les entreprises. Les recruteurs cherchent également parmi les candidats les futurs ambassadeurs de l'entreprise.

« J'ai remarqué qu'à compétences égales, quand un recruteur est face à plusieurs candidats, il prend systématiquement celui qui peut être un potentiel ambassadeur. Pourquoi ? Parce que si le candidat se plaît dans son poste, il va donner de la visibilité à son entreprise. »

Il est important de noter que les recruteurs ont souvent l'habitude de rechercher des informations en ligne sur les candidats avant de les convier à un entretien, que ce soit pour un stage, une alternance ou un premier emploi. Si vous évoluez dans le domaine digital et qu'ils ne vous trouvent pas lorsqu'ils effectuent une recherche en ligne, cela peut les intriguer.

On s'attend généralement à ce qu'une personne aspirant à un métier dans le digital soit présente sur les réseaux sociaux. En tout état de cause, les recruteurs seront particulièrement surpris s'ils ne vous trouvent pas en tant que spécialiste ou expert du digital, notamment sur des plateformes professionnelles comme LinkedIn. C'est pourquoi le fait de maintenir une présence en ligne cohérente avec vos aspirations professionnelles peut jouer un rôle crucial dans le processus de recrutement.

« Considérez la recherche d'emploi comme un jeu. Dans un jeu, on s'entraîne. Passez le plus d'entretiens possible pour vous améliorer. Vous avez les cartes en main avec le CV, la lettre de motivation, le profil LinkedIn ou le pitch. Si ça ne fonctionne pas, changez vos cartes et améliorez votre jeu. »

La marque candidat va nous donner de la valeur sur un marché. Quand on communique sur les réseaux sociaux, quand on crée son profil LinkedIn et quand on élargit son réseau, on travaille pour le présent et le long terme. Ce n'est pas juste pour le stage, l'alternance ou le premier job. Toute notre vie, notre profil LinkedIn va nous accompagner, va s'enrichir, va évoluer pour faire rayonner notre marque candidat.

ENTRETIENS À DISTANCE

Il est crucial de traiter un entretien en visioconférence comme une rencontre en personne, en respectant certaines règles de base. Avant tout, assurez-vous que votre micro et votre caméra fonctionnent correctement en effectuant un test préalable. Choisissez soigneusement l'endroit où vous vous installez, évitez les contre-jours et veillez à ce que l'environnement visible en arrière-plan soit approprié.

La présentation personnelle, y compris votre tenue, demeure tout aussi importante que pour un entretien en face à face. N'oubliez pas de sourire et n'hésitez pas à prendre des notes au besoin.

« L'entretien en visio est un véritable entretien. Il faut presque faire plus attention, car votre environnement personnel va entrer en ligne de compte. Le meilleur truc, c'est de trouver un moyen de faire un test avant. »

À la fin de l'entretien, pensez à envoyer un mail de remerciement : « Merci pour le temps consacré et la qualité de nos échanges, j'ai bien compris ce que le poste implique, je vous renouvelle ma motivation et pense que je suis la bonne personne pour telle ou telle raison. » Cela fait partie de la marque candidat et a un impact significatif.

Présentation de l'experte

Christel de Foucault est conférencière Emploi et marque employeur, auteure de quatre livres dont *50 erreurs à éviter pour trouver un job* (2018), youtubeuse (animatrice de la chaîne Le Grand Jeu de la recherche d'un job), podcasteuse et Top Voice LinkedIn.
Elle a beaucoup travaillé sur la marque employeur et la marque candidat.

POUR ALLER PLUS LOIN

Écoutez l'interview de Christel de Foucault :
http://dunod.link/jobdig50

8 # LES MÉTIERS DE LA PUBLICITÉ DIGITALE

Yann Gabay,
fondateur et CEO, d'Oreegami

« Il faut être curieux et s'intéresser aux métiers de la publicité digitale. La curiosité, c'est la clé pour comprendre ces métiers et identifier les opportunités de job. Posez vos questions aux personnes qui travaillent dans la publicité digitale, notamment en agence, en les contactant directement *via* LinkedIn, par exemple. »

MARCHÉ DE LA PUBLICITÉ

La publicité constitue un marché évalué à 8,5 milliards d'euros[1] qui continue de croître de manière significative. Organisé autour des annonceurs, tels que des marques renommées comme Nike, Adidas et Apple, cherchant à promouvoir leurs produits ou services, ce secteur déploie des campagnes publicitaires diffusées sur des sites d'éditeurs majeurs tels que TF1, *Le Monde* et Google, offrant des espaces publicitaires aux annonceurs. Les agences de publicité jouent un rôle crucial en intervenant dans le processus de communication.

En résumé, un annonceur cherche à accroître sa visibilité ou à vendre ses produits ou services, les agences interviennent pour travailler sur la communication et les éditeurs, *via* leurs régies publicitaires, mettent en avant l'annonceur.

Au sein de ce marché dynamique, les agences se positionnent clairement comme les principaux recruteurs, avec plusieurs centaines de postes ouverts à Paris actuellement. Chez Oreegami, 60 à 70 % de nos apprenants occupent des postes au sein d'agences.

1. *Source* : Observatoire de l'e-pub du Syndicat des régies Internet (SRI), https://www.sri-france.org/observatoire-epub/.

> « Multipliez les opportunités et provoquez la chance. Les recruteurs sont là pour aider, ils vont vous donner des conseils. Allez déjeuner avec des gens, ne refusez jamais une réunion d'information, c'est vraiment important, les rencontres, c'est là qu'on se construit son avenir. »

Parallèlement, d'autres acteurs revêtent une importance cruciale dans le domaine de la publicité digitale, à savoir les AdTech (technologies publicitaires). Ces technologies publicitaires contribuent à l'écosystème en proposant des solutions pour l'achat, la vente, la mesure des performances et l'analyse des données issues des campagnes publicitaires.

En matière de mesure des performances, l'utilisation de codes de tracking sur les pages web est courante. La mise en place d'une stratégie de tracking implique le choix des éléments à mesurer, des pages à évaluer, ainsi que des indicateurs de mesure.

MÉTIERS DU TRADING

Chez Oreegami, nous formons notamment aux métiers du trading (enchère).

Les emplacements publicitaires, les bannières, les liens sponsorisés dans les moteurs de recherche, les posts sponsorisés sur les réseaux sociaux s'achètent *via* des plateformes par un système d'enchères. C'est la même chose qu'à la Bourse, avec une valeur qui dépend de l'offre et de la demande.

Ces métiers deviennent de plus en plus technologiques et algorithmiques : tout ce qu'on y fait est piloté par des algorithmes.

> « Pour être capable de former sur les métiers du trading, il faut beaucoup d'opérationnel, beaucoup de "savoir-faire". Il faut être dans le learning by doing (« apprentissage par la pratique »). Il faut avoir des accès aux plateformes, il faut avoir des budgets à investir ou des outils qui permettent de simuler des campagnes publicitaires. »

Il y a trois principaux métiers dans le trading :

- Les traders search travaillent principalement sur Google. Ils achètent des mots-clés sur les moteurs de recherche pour faire ressortir des annonces ou les produits des marques pour lesquelles leur agence travaille.

- Les métiers du trading social mettent en avant les annonces des marques sur les réseaux sociaux avec des formats carrousels ou des vidéos, etc.
- Les métiers du trading display affichent des bannières ou des vidéos publicitaires sur les sites des éditeurs.

Le trader display achète *via* des plateformes de trading qui s'appellent des DSP (*demand side platform*). Ces plateformes permettent d'acheter des inventaires et de définir des cibles publicitaires en fonction de données que l'on va utiliser et collecter. Les traders search et social media achètent *via* les plateformes fournies par les grands réseaux (Google, Meta, Amazon...)

Ce n'est pas un métier de data analyst, mais il faut comprendre comment on peut utiliser la donnée pour créer des cibles, analyser les audiences et optimiser les campagnes. On manipule donc beaucoup de chiffres dans tous ces métiers, car on analyse des performances. Le tableur Excel est un outil du quotidien, c'est le meilleur ami du trader.

> « On a souvent découvert des choses par hasard. Quand on a découvert la colle, ce n'est pas ça qu'on cherchait. C'est la notion de "sérendipité" que l'on retrouve dans l'environnement scientifique et la recherche. C'est exactement la même chose pour la vie professionnelle. Vous allez déjeuner avec quelqu'un que vous n'avez pas vu depuis longtemps. Au fil de la conversation, vous vous rendez compte que vous avez une connaissance commune, que cette connaissance cherche quelqu'un. Et c'est parti. C'est souvent ainsi que cela fonctionne. Ce n'était pas prévu. »

TRAVAIL EN AGENCE

En agence, il y a un environnement jeune et dynamique, des locaux agréables où on apprend tout le temps. Les régies publicitaires, comme Google et Meta, ou les AdTech viennent former les traders régulièrement sur leurs outils. Les formations finissent toujours avec un apéro, un goûter, donc c'est une très bonne ambiance.

Dans le secteur des agences, on identifie les *Big Six* : Publicis, Dentsu, Havas, WPP, Omnicom (OMD, Remind) et IPG (McCann). Autour des agences importantes, il y a un écosystème de plus petits acteurs ultra-dynamiques, parce que « ultra-experts ».

Ce sont des métiers qui changent énormément. Beaucoup d'agences se créent sur des nouveaux métiers ou sur une expertise particulière : on trouve donc des agences indépendantes de *search* (moteur de recherche), sur les réseaux sociaux, sur le *display*, sur le *retail media*.

Globalement, les métiers du trading en agence recrutent beaucoup.

Présentation de l'expert

Yann Gabay est le fondateur et le CEO d'Oreegami, une académie gratuite du marketing digital et un tremplin vers l'emploi. Il a vingt ans d'expérience dans la publicité digitale, notamment chez Publicis et NetBooster (aujourd'hui Artefact).

La formation chez Oreegami, c'est un moyen ; l'objectif, c'est l'emploi. C'est gratuit pour l'apprenant et on s'adresse principalement à ceux qui souhaitent se réorienter ou se reconvertir.

POUR ALLER PLUS LOIN

Écoutez l'interview de Yann Gabay :
http://dunod.link/jobdig51

9 # LES MÉTIERS DU NUMÉRIQUE ET L'INTELLIGENCE ARTIFICIELLE

Milo Rignell,
responsable des projets Nouvelles Technologies à l'institut Montaigne

« Il y a plus de jobs que de personnes formées pour les métiers du numérique. Cela veut dire qu'il y a beaucoup d'opportunités et la mission de l'institut Montaigne, c'est de proposer des solutions au gouvernement pour compenser ce manque. »

MOBILISER ET FORMER LES TALENTS DU NUMÉRIQUE

Aujourd'hui, il y a près d'un million d'emplois dans les métiers du numérique et le chiffre qu'on projette à horizon 2030, c'est près de 1,6 million d'emplois. Près de 10 % de ces emplois ne sont pas pourvus actuellement.

On distingue trois typologies de métiers liés au numérique. Les premiers, la typologie sur laquelle notre étude se concentre, ce sont les métiers cœur du numérique : ceux qui sont dédiés à concevoir, à maintenir, à développer des produits et des services numériques comme celui de développeur, de data scientist ou de product owner...

Quels sont les principaux enseignements de ton travail sur les métiers du numérique ?

« Le premier, c'est qu'il y a vraiment beaucoup d'opportunités, une croissance importante, et qu'il y a trop peu de personnes qui entrent dans ces métiers du numérique. Le second, c'est qu'il est possible de se reconvertir vers ces métiers et que c'est beaucoup plus facile qu'on ne le croit. »

Il y a des différences selon la taille des entreprises. Dans les petites structures, on a besoin de personnes qui ont plusieurs casquettes. Pour gérer le digital dans une PME, on fait du développement web, on s'occupe des sujets de cybersécurité, et on gère peut-être encore la communication digitale. Dans une plus grande structure, les missions sont davantage ciblées, avec des rôles plus seniors, en management. On parle par exemple de directeur des systèmes d'information (DSI).

Il y a un immense potentiel qui est reconnu par l'État dans la transformation des services publics, pour les numériser et les rendre plus accessibles. Au sein de l'État, on a tous ces profils de data scientist, de product owner, des rôles plus agiles que l'on n'associe pas toujours à la puissance publique. Il y a donc là beaucoup opportunités.

> « La première chose, c'est qu'aujourd'hui, toutes les entreprises, toutes les organisations publiques ou privées ont besoin de talents du numérique. Dès lors que l'on est formé au numérique, on a beaucoup de choix sur le type de structure et le secteur que l'on peut intégrer dans ces métiers. »

Les « talents cachés », ce sont toutes les personnes qui pourraient se reconvertir assez facilement et assez rapidement vers les métiers du numérique... mais qui, pour diverses raisons, ne le font pas. Et le message premier de l'étude, c'est de dire que le principal sujet, c'est d'attirer, de convaincre plus de personnes ; que c'est possible de le faire.

NOTE D'ACTION « INVESTIR L'IA SÛRE ET DIGNE DE CONFIANCE »

Le premier point, c'est de bien saisir l'impact de l'intelligence artificielle, une technologie qui s'appuie sur des données pour apprendre à faire des choses. En 2023, on a bien vu tout le potentiel de ce principe, avec ChatGPT ou Midjourney qui sont capables de faire plusieurs tâches différentes, et cela va continuer à évoluer.

Il y a deux grands principes qu'on peut tirer de ce travail sur l'IA. Le premier, c'est l'importance pour tout le monde de se former à l'intelligence artificielle, d'aller comprendre dans les grandes lignes. Je ne parle pas de devenir ingénieur IA, mais comprendre de façon globale comment elle fonctionne. Tous les métiers seront impactés et s'appuieront sur de l'IA.

C'est très important de faire cet effort, d'aller comprendre ce qu'il y a sous le capot. Et cela concerne tout le monde, car cela permet de vraiment comprendre comment utiliser l'IA et d'interagir avec elle.

« L'institut Montaigne propose une formation en ligne gratuite de quelques heures qui s'appelle Objectif IA. Elle permet à tout le monde de comprendre les grands principes du fonctionnement de l'intelligence artificielle. »

Le second grand principe est également très important : c'est de comprendre que l'IA sera un outil au service d'un grand nombre de métiers différents. On croisera bientôt la santé ou l'écologie avec des compétences en IA. Cette double compétence, métiers et IA, sera très plébiscitée par les entreprises.

« Quand on a une expertise dans un métier donné, dans un secteur donné, y ajouter une composante d'intelligence artificielle devient quelque chose de très puissant. C'est là que l'on aura une très forte valeur ajoutée. »

DEUX CONSEILS POUR TROUVER UN JOB DANS LES MÉTIERS DU NUMÉRIQUE

Le premier point, c'est de comprendre que le numérique infuse dans tous les secteurs. On peut combiner le numérique et le secteur d'activité que l'on préfère ou pour lequel on a déjà des affinités.

Le second, c'est de se rendre compte que ce n'est pas si compliqué d'entrer dans les métiers du numérique. Il ne faut pas se poser trop de questions, mais trouver une formation et se lancer. Il y a beaucoup de formations en ligne, y compris des formations gratuites.

Présentation de l'expert

Milo Rignell est responsable de projet et expert résident sur les sujets numériques et nouvelles technologies à l'institut Montaigne, un *think tank* dont la mission est de réfléchir et de produire des rapports sur des sujets de politique publique, des sujets d'éducation, de santé et de nouvelles technologies.
« Je m'occupe de piloter et de coordonner nos travaux sur des sujets de politique publique numérique et d'intelligence artificielle. Pendant mes études, j'ai monté une entreprise d'Ed Tech qui s'appelait Teach. »

POUR ALLER PLUS LOIN

Écoutez l'interview de Milo Rignell :
http://dunod.link/jobdig52

10 # LE MARCHÉ CACHÉ DE L'EMPLOI

Hervé Bommelaer,
consultant en transition de carrière chez Enjeux Dirigeants et expert en networking

Le marché caché de l'emploi en 3 mots

« Bouche-à-oreille. C'est le marché de l'emploi qui correspond à la recommandation de quelqu'un. Quelqu'un va m'appeler en disant : "On m'a parlé de vous et on m'a recommandé de vous appeler pour ce job." »

Le marché caché de l'emploi, c'est celui qui fonctionne par le « bouche-à-oreille ». Ce sont tous les postes qui sont pourvus par le réseau *via* la question : « Est-ce que tu ne connaîtrais pas quelqu'un qui ait telle compétence ou tel profil ? »

Quand on regarde les études sérieuses qui ont été faites sur le marché caché de l'emploi, on considère que c'est environ 40 % du marché au global. Pour le marché des cadres supérieurs et dirigeants, cela correspond à huit opportunités sur dix. Et sur le marché de l'*outplacement* (reclassement externe), cela concerne 70 à 90 % des jobs.

Dans le digital, on peut considérer qu'on se situe certainement autour de 50 %. Si quelqu'un ne répond qu'à des annonces publiées, il passe à côté de 50 % des opportunités.

QUELLES SONT LES TYPOLOGIES D'EMPLOIS QUI CORRESPONDENT À CE MARCHÉ CACHÉ ?

Plus on monte dans la hiérarchie, plus le marché caché a de l'importance. Mais ce dernier peut aussi avoir beaucoup d'importance dans des métiers en tension. Le digital est un secteur en tension constante ; donc plus on est visible, plus on a de chances d'être contacté directement.

« C'est d'autant plus important que si un recruteur passe par son réseau et s'il demande, par exemple, à son entourage professionnel : "Est-ce que tu connaîtrais un bon développeur ?", il a beaucoup plus de chances de ne trouver que des bons candidats, car ce seront des professionnels du métier recommandés par une personne de confiance. »

COMMENT INTÉGRER LE MARCHÉ CACHÉ DE L'EMPLOI DANS SA RECHERCHE DE JOB ?

Si vous êtes le meilleur dans votre métier mais que personne ne vous connaît, aucun recruteur ne vous contactera. En revanche, si tout le monde vous connaît dans le métier parce que vous êtes visible, lisible et attractif, alors les décideurs vous appelleront et vous pourrez choisir le bon job.

Il faut travailler son réseau, en rencontrant des gens que l'on ne connaît pas en venant de la part de gens qu'on connaît. On peut le faire de deux façons différentes. En présentiel, on prend un café et on discute, on échange et on voit comment on peut s'entraider. Cela peut être à distance, pour rencontrer des gens qui sont moins disponibles ou dans une autre ville ou un autre pays. Plus il y aura de personnes qui vous connaissent professionnellement, plus vous avez de chances pour qu'un recruteur ou qu'un décideur vous contacte.

Dès que l'on parlera de vous, le premier réflexe du recruteur sera d'aller sur LinkedIn. Il faut donc avoir un profil professionnel à jour et attractif pour accéder au marché caché de l'emploi.

Vos 3 conseils pour trouver un job ?

« Le principal conseil, c'est de se former au networking parce que cela vous servira toute la vie. Deuxième conseil, travaillez en profondeur votre profil LinkedIn et n'hésitez pas à écouter les bons podcasts ou à lire les bons articles pour bien le construire. Dernier conseil, abonnez-vous à la newsletter Networking or Not Working accessible *via* mon profil LinkedIn. »

MARCHÉ DE L'EMPLOI CACHÉ DANS LE DIGITAL

Les fondamentaux restent les mêmes, c'est-à-dire que l'on peut trouver des postes très intéressants dans le marché caché, notamment pour les métiers en tension.

Énormément de recruteurs passent sur LinkedIn pour faire des recherches, ce qui n'était pas le cas il y a encore dix ou quinze ans.

Si un recruteur cherche un profil de développeur, il va regarder sur LinkedIn. Si votre profil a les bons mots-clés, il va le trouver et le regarder. S'il est à jour et bien fait, cela va lui donner envie de se mettre en contact avec vous. Attention : cela pourrait même étonner un recruteur de chercher un candidat dans le digital et de se rendre compte qu'il n'a pas un bon profil LinkedIn à jour.

S'il est essentiel d'avoir un profil bien construit sur LinkedIn, c'est également important d'y être actif en partageant des articles, en likant et en commentant.

> « Si un recruteur publie une annonce, cela lui coûte de l'argent, puis il doit faire le tri dans les candidatures et, enfin, répondre à tout le monde. Cela lui prend beaucoup de temps. En revanche, s'il interroge les bonnes personnes à la recherche d'une recommandation sans publier d'offre, c'est gratuit, rapide et efficace : c'est le marché caché de l'emploi. »

NETWORKING OU RÉSEAUTAGE

Le *networking* (réseautage), n'est que très peu enseigné à l'école, il faut l'apprendre par soi-même. Il faut lire des bouquins ou écouter des podcasts sur le *networking* pour comprendre les techniques et les appliquer.

Pour les étudiants et les jeunes professionnels, le réseau des alumni (les anciens de votre école) constitue une première étape de votre réseautage. Ciblez ceux qui sont dans les métiers et les entreprises qui vous intéressent. Vous pouvez les contacter facilement, ils sont souvent d'accord et contents d'accepter une mise en relation. Dans 80 % des cas, ils vous apporteront de précieux conseils pour votre vie professionnelle.

Autre technique utile à connaître : certaines entreprises rémunèrent leurs collaborateurs pour leur recommander des candidats. Cela s'appelle de la cooptation. Cela fait partie du réseautage.

Présentation de l'expert

Hervé Bommelaer est consultant certifié en transition de carrière chez Enjeux Dirigeants.
Il est expert en *networking*. Il a écrit plusieurs livres sur la recherche d'emploi, notamment le best-seller *Trouver le bon job grâce au(x) réseau(x)* (2020).
Il publie très régulièrement sur LinkedIn, donne de nombreuses conférences à destination des étudiants et des *alumni* dans les grandes écoles.

POUR ALLER PLUS LOIN

Écoutez l'interview d'Hervé Bommelaer :
http://dunod.link/jobdig53

CONCLUSION

Trouver un job dans le digital... C'est terminé, pour cette première étape !

Aujourd'hui, vous avez achevé une action importante en découvrant les principaux métiers du digital. Au fil de ces pages, grâce à nos interviews, vous avez eu accès à tout ce que l'on ne vous dit pas d'habitude. Vous avez vu l'envers du décor des métiers du digital grâce aux professionnels qui les exercent au quotidien et vous avez découvert les précieux conseils d'experts du recrutement et du digital.

Vous l'avez compris, le secteur du digital propose des opportunités pour toutes et tous, avec une diversité de jobs qui offre une chance pour les profils les plus analytiques comme pour les candidats les plus créatifs.

Vous aurez également noté que le digital est désormais partout. Les métiers que nous décrivons dans cet ouvrage peuvent être exercés dans tous les secteurs et dans toutes les entreprises, les grandes, les petites ou les start-up, privées ou publiques.

Une partie de ces métiers n'existaient pas il y a cinq ou dix ans, et continueront d'évoluer pour la plupart, garantissant de nouvelles opportunités pour les plus curieux et les plus motivés.

Nous avons également noté, à travers nos interviews, plusieurs tendances qu'il nous paraît intéressant de souligner :

- **L'amour du métier** : Les professionnels interrogés sont généralement enthousiastes, traduisant une passion communicative pour le métier qu'ils exercent.
- **La technologie** : l'adrénaline générée par les outils utilisés, la sensation d'être au cœur des innovations de notre société ou encore de ces évolutions dans lesquelles beaucoup de choses restent à inventer.

- **La curiosité** : le digital exige une curiosité insatiable et une capacité permanente à se réinventer. C'est l'une des clés de la réussite pour la majorité des professionnels du secteur.
- **La communication** : expliquer ce que l'on fait et à quoi cela va servir *via* des échanges quotidiens et variés dans l'entreprise ou à l'extérieur fait partie intégrante d'une grande partie de ces métiers.
- **La flexibilité** : qu'elle soit liée à la possibilité de travailler à distance, d'organiser sa journée de travail ou de choisir son statut, la flexibilité fait également partie de ces nouveaux métiers.

À présent, vous pouvez faire un choix éclairé et trouver un job dans le digital.

Vous savez comment faire pour choisir le métier qui vous convient. Alors soyez sûr d'une chose : la distance entre vous et votre prochain job a considérablement diminué.

Vous amorcez la dernière ligne droite : continuez à suivre nos interviews sur le podcast *Le Gagne-Pain* pour ne rien rater de l'actualité des métiers du digital et de ce secteur en pleine croissance.

Mettez en pratique tout ce que vous avez découvert dans cet ouvrage dans votre recherche de job et utilisez-le dans vos entretiens de recrutement.

Passez à l'action, et bientôt une entreprise aura la chance de vous compter parmi les membres de son équipe !

POSTFACE

LES MÉTIERS DU DIGITAL ONT LE VENT EN POUPE

Je suis certaine que la lecture de cet ouvrage vous aura donné une meilleure compréhension des métiers du numérique et j'espère aussi qu'il vous aura donné envie de vous lancer dans le digital sans plus attendre. Quand on sait que 85 % des emplois de 2030 n'existent pas encore et que le numérique est un secteur en pleine croissance qui a augmenté de 6,5 % en 2023, il n'y a vraiment aucune hésitation à avoir.

Aujourd'hui, les métiers du digital ont le vent en poupe et cette tendance continuera dans les prochaines années avec la transformation digitale qui continue de s'opérer. L'évolution des métiers va encore s'accélérer avec l'adoption rapide de l'intelligence artificielle par les entreprises et les compétences humaines sont critiques. L'IA permettra l'automatisation de bien des tâches, et l'être humain devra savoir s'appuyer sur ces outils pour augmenter sa performance et son savoir-faire.

Mais si vous hésitez encore et que vous vous demandez si vous êtes un candidat idéal pour prendre un job dans le digital, sachez qu'il faut avant tout être un bon communicant, avoir envie d'apprendre, voire de réapprendre et démontrer une adaptabilité dans l'utilisation des outils digitaux mis à disposition. Le milieu du digital est un environnement particulièrement dynamique où on observe une accélération des changements dans l'évolution des métiers. Du coup, la reconversion est devenue un phénomène de plus en plus fréquent, voire quasi naturel, et il faut donc s'appuyer avant tout sur les compétences humaines pour pouvoir évoluer au sein de l'entreprise.

On me demande souvent s'il existe des profils types pour réussir dans le digital –la réponse est non. Il n'y a pas vraiment de profil type, ce sont les «compétences humaines» qui sont les plus importantes. Si on est face à un candidat qui sait être à l'écoute, qui a la gnaque et l'envie de réussir, alors le reste peut facilement être inculqué. Quand j'observe les «Top talents» dans les métiers du digital, je dirais que la passion et la curiosité sont les qualités principales.

Aujourd'hui, il y a une recrudescence des métiers du numérique non seulement en France, mais aussi à l'international et c'est réellement une voie qu'il est très judicieux de considérer, puisqu'elle offre des opportunités professionnelles bien rémunérées.

Dans nos centres digitaux européens comme celui de Dublin, on observe une grande diversité à la fois culturelle et sociale avec plus de 65 nationalités représentées et des jeunes professionnels de tous les milieux.

En traversant les plateaux du centre, on peut entendre les équipes parler français, espagnol, italien, suédois, allemand, etc.

Cependant, il est important d'avoir de bonnes bases en anglais afin de pouvoir suivre les formations, échanger avec ses collègues qui travaillent dans d'autres pays, et surtout, c'est un atout majeur pour donner une dimension internationale à sa carrière. Quand on travaille dans le digital pour une entreprise d'envergure internationale, un bon niveau d'anglais permet de progresser vraiment au sein de l'entreprise.

Partir à l'étranger pour parfaire son niveau en langue et le faire quand on est jeune, sans contrainte de mobilité, est une vraie bonne idée ! Au-delà de créer des opportunités pour l'avenir, être exposé à de nouvelles cultures est une expérience fantastique et cela fait partie du quotidien quand on travaille dans une entreprise internationale. Plus tôt vous y êtes confronté, mieux c'est !

Alors n'hésitez plus, lancez-vous et postulez pour un job dans le digital !

Sophie Stanton

Vice President, Digital Sales EMEA

IBM

REMERCIEMENTS

Mes remerciements vont, avant tout, à Majdeline Maza, mon associée sur le podcast *Le Gagne-Pain* depuis le début de cette aventure. Elle a cru à ce projet et m'a accompagné depuis décembre 2020 dans toutes les étapes de cette entreprise en réalisant la moitié des interviews.

Mes remerciements vont aux soixante-dix professionnel·les et expert·es qui ont pris le temps de répondre à nos questions en partageant leurs expériences et leurs passions pour ces métiers et ce secteur.

Je remercie également Léa Hourtoule pour sa contribution majeure à la rédaction de cet ouvrage. En réalisant une adaptation d'une partie de nos interviews, elle a démontré ses qualités rédactionnelles et son inventivité tout en respectant notre envie de partager et de transmettre.

Je remercie chaleureusement Laurent Aléonard, directeur académique et directeur délégué de l'EMLV (l'École de management Léonard de Vinci), pour m'avoir accompagné et encouragé. Sans lui, ce projet n'aurait pas vu le jour dans les délais prévus.

Je remercie les associations professionnelles et leurs représentants, l'Alliance Digitale, l'Adetem et Numeum, pour leur soutien, leurs expertises et leurs réseaux.

Merci à Laure Duclaud et Julien Pibourret pour leur confiance.

Merci enfin à mes proches, mes amis et collègues qui nous ont accompagnés et conseillés pendant les six mois de conception et rédaction de ce livre.

À DÉCOUVRIR AUX ÉDITIONS DUNOD

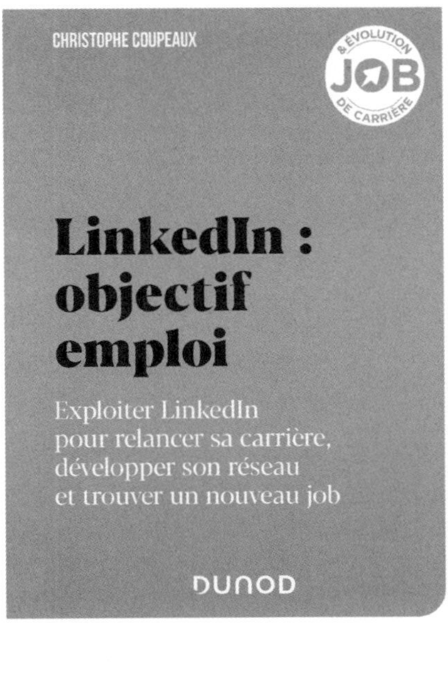

86609 - (I) - SOP 90 - BPE - CMU
Imprimerie CHIRAT - 42540 Saint-Just-la-Pendue

Dépôt légal : mai 2024

Imprimé en France